¿Eran Los Santos Astronautas? – Una Visión Trascendente Sobre La Exploración Del Universo

Rogerio Cietto

Published by Rogerio Cietto, 2024.

¿Eran los santos astronautas? – Una visión trascendente sobre la exploración del Universo
Publicado por Rogerio Paiva Cietto en Draft2Digital

Levanta los ojos y mira las alturas.
¿Quién creó todo esto?
El que pone en movimiento
cada estrella de su ejército celestial,
y llama a todos por su nombre.
Tan grande es tu poder
y su fuerza es tan inmensa,
¡Que ninguno de ellos falte!
Isaías 40, 26

ÍNDICE

1. INTRODUCCIÓN

Cristiano, ¿cuál es tu esperanza? ¿Rezar para ganar la lotería? ¿Trabajar duro para crear y mantener a su familia? ¿Esperando que las autoridades públicas resuelvan todos sus problemas? ¿Escapar de las grandes ciudades y vivir en el campo? ¿Construir un refugio subterráneo y esperar la destrucción de la humanidad? Si alguna de estas es tu esperanza, puedes quedarte quieto, porque tu esperanza es vana y sin sentido.

Le explico. O mejor dicho, dejaré que la Palabra de Dios explique vuestra falta de esperanza. "Cuán feliz es aquel cuyo socorro es el Dios de Jacob, cuya esperanza está en Jehová, en su Dios", Salmo 145 (146), 5. Estás poniendo tu esperanza en las cosas de este mundo, como el dinero, tu esfuerzo individual, el progreso material, científico y tecnológico de la humanidad. Son regalos de Dios para nosotros, pero perecen cuando la polilla los consume y el ladrón los roba, y no traen verdadera esperanza.

Aprende de los santos de la Iglesia, quienes han acumulado tesoros en el cielo y están allí en eterna felicidad y unión con Dios. Simplemente siguieron el Modelo Divino de Nuestro Señor Jesucristo, Verdad Eterna, Camino de Salvación y Vida Plena. Por supuesto, cada uno de los santos tenía una forma de vida diferente, eran casados o célibes, vivían en la pobreza o eran reyes de grandes naciones; lo único que tenían que hacer era vivir bien el Evangelio, con sencillez y fidelidad, desafiando las persecuciones, las tentaciones y las concupiscencias que todos tenemos que afrontar.

Desde el comienzo de la historia humana hemos sido desafiados, y desde Adán y Eva hemos descubierto el precio de abandonar el camino sugerido por Dios. Con nuestros primeros padres todo estaba bien, ya que habían sido creados por Dios como vemos en el Génesis. Pero con la redención por Jesucristo encontramos un lugar aún mejor, al que podemos ir si hemos esperado con devoción y actuado en consecuencia.

No obstante, el progreso científico y tecnológico, que hemos experimentado desde finales del siglo XX hasta nuestros días, ha hecho creer a la gran mayoría de la humanidad que es posible lograr todo lo bueno en este mundo con conocimientos y recursos suficientes para gastar en este sentido.

De hecho, hemos logrado avances inimaginables en técnica y ciencia en los últimos cincuenta años. La gente creía que en nuestro tiempo tendríamos curas para todo tipo de enfermedades, teletransportación, (buena) comida impresa y un dominio total sobre la naturaleza. Cualquiera que haya sido fanático de Star Trek debe recordar la famosa frase:

"El espacio, la última frontera. Estos son los viajes de Starship Enterprise, en su misión de explorar nuevos mundos, buscar nuevas vidas y civilizaciones, yendo a donde ningún hombre ha ido antes".

En términos prácticos, la propuesta es: juntemos a un grupo de personas con un alto grado de curiosidad, dispuestas a dejar atrás a sus familias (o llevarlas al espacio), arriesgar sus vidas y pasar toda su existencia deambulando en busca de conocimiento. Ésta era su esperanza: buscar conocimiento.

Compárese ahora esta motivación con la descrita por Pero Vaz de Caminha en la primera llegada de Portugal a Brasil, en la escuadra dirigida por Pedro Álvares Cabral:

"Sin embargo, me parece que el mejor resultado que se puede obtener es salvar a estas personas. Y ésta debe ser la semilla principal que Vuestra Alteza debe sembrar en él. Y si no había nada más que tener aquí a Su Alteza, esta posada para esta navegación de Calicut era suficiente. ¡Cuánto más voluntad de cumplirlo y hacer lo que Vuestra Alteza desea, es decir, aumentar nuestra fe!"

(<http://www.dominiopublico.gov.br/download/texto/ua000283.pdf>)

Las Grandes Navegaciones, de hecho, dieron muchos frutos, y no hablo de oro, palo de Brasil o especias. La fe católica llegó a toda América gracias a estos valientes pioneros, que enfrentaron lo desconocido, las enfermedades, los indígenas caníbales y los animales salvajes. Perdieron la vida, pero buscaban la vida eterna. Buen trato.

Conocemos el árbol por sus frutos (Lucas 6, 44), y si hoy tenemos a San José de Anchieta, San Antonio de Sant'Anna Galvão, Santa Dulce dos Pobres, Beata Nhá Chica, la Beata Albertina Berkenbrock, el Padre Cícero, el Padre Leo y muchas almas piadosas que alcanzaron la gracia de la unión eterna con Dios fueron a través de esta gran empresa en el Nuevo Mundo.

¿Valió la pena?

"Todo vale la pena
Si el alma no es pequeña.
¿Quién quiere ir más allá de Bojador?
Tiene que ir más allá del dolor.
Dios dio el mar peligro y el abismo,
Pero en él Él reflejó el cielo (los cielos)".*

Fernando Pessoa

*en portugués la palabra "céu" se usa para referirse al cielo (material) o a los cielos (espiritual).

La persona tiene que preguntarse: ¿qué frutos traerá a la humanidad nuestra exploración espacial, sin un propósito sobrenatural de salvar almas? Si encontramos vida inteligente en otros planetas, ¿para qué acudiremos a ellos?

¿Para adquirir conocimientos? Mal, si algún día hay viajes interestelares ya estaremos en tal nivel de conocimiento que no haría falta aprender mucho de otras civilizaciones.

¿Para enseñar nuestro conocimiento? También está mal, no tiene sentido arriesgar nuestras vidas para propagar algo que podría enviarse a través de una computadora con una pantalla grande, un altavoz potente y un sensor de disparo automático.

¿Explorar nuevos mundos como turismo espacial? Quizás, pero ¿quién va a arriesgar su vida en un viaje que durará al menos cuatro años y medio, un plazo muy optimista teniendo en cuenta que algún día podremos viajar a la velocidad de la luz? Incluso si es con la tecnología actual y el viaje se limita a nuestro sistema solar, ¿valdría la pena dedicar seis meses de tu vida sólo para llegar al planeta más cercano?

Ninguna de estas opciones me parece muy atractiva, porque no es algo que realce el alma. Este fue el motivo de las navegaciones, y si no es con una intención sobrenatural de salvar almas... lamentablemente todo este esfuerzo por llegar al espacio no tiene valor en términos espirituales.

Por supuesto que diréis: ¡los navegantes no sabían lo que se encontrarían! Eso es cierto. Pero en cualquier caso, la intención era salvar sus propias almas, cumpliendo la orden que Nuestro Señor dejó muy clara antes de su ascensión: "Id por el mundo y proclamad el Evangelio a toda criatura" Marcos 16, 15.

Los exploradores portugueses ni siquiera quisieron obtener conocimientos, ni tuvieron la soberbia de pensar que iban a enseñar cosas a otros pueblos menos evolucionados. La intención era ANUNCIAR VERDADES ETERNAS, no desarrollo científico y tecnológico.

Ahora bien, ¿eso quiere decir que usted defiende que hay vidas en otros planetas, y que allí vamos a evangelizarlas? Atención: no tengo idea si hay vida en otros planetas o no, ni si esta vida es lo suficientemente inteligente como para recibir las buenas noticias de la Palabra de Dios, es decir, poseer un alma inmortal. Sin embargo, necesito abordar este asunto como hipótesis y nada más que eso.

En este humilde trabajo tendremos muchas citas bíblicas y científicas, así que si prefieres profundizar en temas teológicos y tecnológicos, no dudes en hacer una pausa en la lectura, confirmar (o posiblemente refutar) la información que te estoy compartiendo y regresar a tu lectura.

Pero seamos claros: la visión católica sobre cuestiones como los viajes espaciales y la vida en otros planetas debe ser acorde con la doctrina católica, el magisterio de la Iglesia y, sin duda, la Palabra de Dios. En palabras de San Juan Pablo II:

"La fe y la razón (fides et ratio) constituyen, por así decirlo, las dos alas por las que el espíritu humano se eleva a la contemplación de la verdad" (Encíclica *Fides et Ratio*).

La fe sin razón es una credulidad ciega, propia de los paganos. La razón sin fe es escepticismo inmanente, propio de los ateos. Mi compromiso, lejos de estos dos errores, es con la verdad, al menos con lo que Dios ha permitido revelar al ser humano hasta ahora.

Sólo te pido que leas hasta el final con el corazón y la mente abiertos, aunque no estés de acuerdo con todo lo que está escrito. Al final, seguramente comprenderá el razonamiento y podrá sacar mejores conclusiones.

2. LA ASCENSIÓN DE JESÚS Y LA ASUNCIÓN DE MARÍA

"Después de su sufrimiento, Jesús se presentó a ellos y les dio **muchas pruebas indiscutibles de que estaba vivo**. Se les apareció por cuarenta días hablándoles del Reino de Dios. En una ocasión, mientras comía con ellos, les dio esta orden: "No salgáis de Jerusalén, sino esperad la promesa de mi Padre, de la cual os hablé. Porque Juan bautizó con agua, pero a los pocos días seréis bautizados con el Espíritu Santo." Entonces los que estaban reunidos le preguntaron: "Señor, ¿restaurarás el reino a Israel en este tiempo?" Él les respondió: No os toca a vosotros saber los tiempos ni las fechas que el Padre ha fijado por su propia autoridad. Pero recibiréis poder, cuando el Espíritu Santo venga sobre vosotros, y seréis mis testigos en Jerusalén, en todas partes. Judea y Samaria, y hasta los confines de la tierra." Dicho esto, mientras ellos miraban, **fue elevado en lo alto**, y una nube lo ocultó de su vista. Y miraron al cielo mientras ascendía. De repente aparecieron ante ellos **dos hombres vestidos de blanco**, que les dijeron: "Galileos, ¿por qué estáis mirando al cielo? Este mismo Jesús, que fue llevado de entre vosotros al cielo, volverá de la misma manera como lo habéis visto. subir." Hechos de los Apóstoles 1, 3-11.

Todo cristiano, independientemente de su denominación, conoce bien este pasaje: después de la Pasión y Resurrección, Nuestro Señor se aparece a los discípulos con las instrucciones finales: Voy, pero enviaré al Espíritu Santo para guiar a cada uno en su apostolado, testificando con su vida y con palabras todo lo que Jesús nos enseñó.

De ahí en adelante, se puede percibir que todo el progreso humano en las ciencias (letra minúscula) fue obra del Espíritu Santo y el Don de la Ciencia (letra mayúscula), que instigó la mente y el corazón de muchos científicos y estudiosos sobre nuestra existencia. , del modelo del átomo al movimiento de los agujeros negros.

No hay conocimiento científico sin inspiración divina, y cuanto más cerca estamos de vivir las verdades eternas, a imitación de nuestro Señor y Salvador, más conocemos las verdades de este mundo.

Quiero llamar la atención sobre dos extractos específicos de este pasaje. En los versículos 9 al 11 (en negrita) queda claro que Jesús ascendió al cielo en cuerpo y espíritu, y allí permanece hasta el día de hoy, según los dos ángeles (hombres vestidos de blanco es un eufemismo para facilitar la comprensión).

Tenga en cuenta la profundidad de este texto: el cuerpo de Jesús está en el hogar eterno con el Padre, intacto y muy vivo. Si este no fuera el caso, no tendría sentido elevar el santo cuerpo de Nuestro Señor al espacio, sólo para que se convirtiera en polvo cósmico.

Las propias palabras de Jesús confirman esta realidad: "En la casa de mi Padre muchas moradas hay; si no fuera así, te lo habría dicho. Prepararé un lugar para vosotros". Juan 14, 2. En otras palabras, hay un lugar allá arriba, esperándonos, siendo edificado según nuestra fe (versículo 1) y nuestras obras (versículo 12).

Contemplamos esta verdad eterna en el Credo ("*ascendió a los cielos y está sentado a la diestra del Padre*") y en el segundo misterio glorioso del Santo Rosario (La Ascensión de Jesucristo). Durante más de dos mil años, ateos y fariseos de todas partes han estado buscando el cuerpo de Jesucristo para intentar demostrar que la fe cristiana es una farsa, que Cristo no es Dios.

Si este es tu caso, puedes dejar de leer este libro e ir a buscarlo. Todos los que realmente lo intentaron regresaron con una fe aún más fuerte. Además, la remisión de nuestros pecados se produjo con el sacrificio del Cordero Pascual, y la resurrección fue sólo la prueba de que todo se estaba cumpliendo según las Sagradas Escrituras, a través de los profetas Isaías y Jeremías, por ejemplo. Más de 300 profecías cumplidas a través de una misma persona, una probabilidad de 1 entre 10^{170} (10 seguido de 170 ceros).

Asimismo, el cuerpo inmaculado de Nuestra Señora ocupa también un lugar especial en la morada eterna. Ella que nació sin pecado, vivió sin pecado y murió sin pecado, no tendría un lugar compatible en este mundo corrupto. Esta verdad eterna la contemplamos en el cuarto misterio glorioso del Santo Rosario, por ser dogma de la Iglesia y del cual no hay más discusión.

Santo Tomás, el mismo que dudó de la Resurrección de Cristo hasta meter el dedo en Sus Llagas, fue también el único apóstol que no vio ni creyó en la Asunción de Nuestra Señora al cielo, pero que luego abrió la tumba de Nuestra Señora. y sólo encontró lirios y rosas, y Nuestra Santa Madre se apareció a Tomás desde el cielo y le obsequió su cinturón materno. (https://padrepauloricardo.org/blog/a-reliquia-do-cinto-de-nossa-senhora).

Se pueden encontrar reliquias que prueban la existencia de estos milagros, pero para aquellos que no quieren creer, no todas las pruebas del mundo son suficientes.

Sin embargo, para aquellos que quieren creer, pero no se dejan engañar por ningún viento de falsa doctrina, se puede concluir que Nuestro Señor y Nuestra Señora están en un solo lugar, esperándonos. Nuestra Señora incluso viene a llamarnos a esta gran fiesta de la eterna felicidad con Dios, como en La Salette, Lourdes, Fátima, Akita, Quibeho... (pueden estar seguros de que ella no vino aquí para hacer turismo). Ahora veamos a algunos que definitivamente llegaron allí.

3. MILAGROS DE CUERPOS INCORRUPTOS

La realidad de los cuerpos incorruptos de Nuestro Señor Jesucristo y Nuestra Santísima Madre es, por un lado, un dogma de la Iglesia Católica y un tema que no tiene lugar para discusión ni opinión contraria. Quien no tuvo pecado, ya que nació sin la mancha del pecado original, no sufriría la corrupción de la carne, que afectó a todo el cuerpo humano debido a la herencia espiritual recibida de Adán y Eva.

Así, además de que Nuestro Señor y Nuestra Señora han ascendido al cielo, como se explicó en el capítulo anterior, todavía están allí, enteros, porque no pueden haber sufrido ninguna influencia del pecado de nuestros primeros padres. De lo contrario, no tendría ningún sentido enviar un cuerpo sagrado a los cielos más altos, si al llegar a su destino comenzaba a pudrirse.

Sin embargo, ¿cómo podemos demostrar a los más escépticos que los cuerpos de Jesús y María no sufrieron descomposición o deterioro por agentes químicos y biológicos? En este caso, podemos aportar pruebas indirectas, de personas que vivieron en este mundo con tal olor a santidad, de que sus cuerpos (o una parte específica de ellos) permanecen intactos incluso después de muchos años de muerte, e incluso después de haber sido expuestos a diversas condiciones peligrosas.

Algunos detalles importantes sobre la santidad: primero, muchas personas murieron en olor de santidad, porque habían vivido alguna virtud de manera heroica, pero no necesariamente tuvieron fama de santidad durante su vida o inmediatamente después de la muerte. El verdadero progreso espiritual es interno y el externo es una consecuencia, según San Maximiliano María Kolbe, un mártir moderno.

Segundo, cuando la Iglesia Católica reconoce que una persona es santa es porque la vida y los milagros realizados a través de ella han sido debidamente verificados, estudiados por los científicos, el proceso de beatificación y posterior canonización pasa por la Congregación para las Causas de los Santos, para autentificar la santidad de ese individuo.

Por lo tanto, es posible que haya muchos santos en el cielo que la Iglesia no reconoce oficialmente, porque quienes vivieron bien la santidad pasaron su vida amando a Dios sobre todas las cosas, sin necesidad de publicar su caridad o cualquier buena acción en las redes sociales. Vivió exactamente lo que Jesús pidió: haz buenas obras en secreto y el Padre Celestial te dará la recompensa debida. Que tu mano derecha no sepa lo que hace mi izquierda (Mateo 6:3).

Sin embargo, aquellos que pasaron por el tamiz y fueron reconocidos elevados a la gloria de los altares son en realidad santos, en el sentido estricto del término. Puedes confiar, porque la autoridad de la Iglesia al hacer tal declaración se basa en el Espíritu Santo de Dios mismo, que nunca abandonará a Pedro y a sus sucesores (Mateo 16, 18).

Sin duda, tenemos muchos tipos de santos a lo largo de la historia de la humanidad. Aunque sufrieron el pecado original y la concupiscencia, supieron adaptarse perfectamente a la voluntad de Dios, amando a Dios sobre todas las cosas y amando a los demás como Cristo nos amó a nosotros.

Resulta que algunos santos recibieron un regalo extraordinario de Dios, que refleja precisamente de lo que estamos hablando, de dificultar que la naturaleza actúe para que ese montón de células no se desmorone y el cuerpo se convierta en un montón de polvo. Escapando (aunque sea en parte) de toda la tendencia del Universo hacia la entropía (desagregación de la materia), es el milagro de los cuerpos incorruptibles.

Existen muchas ideas falsas sobre este tipo de milagros, por lo que vale la pena hacer de inmediato una afirmación importante: para configurar el milagro del cuerpo incorrupto, no es necesario que el cadáver esté completamente conservado, sino que presente signos de conservación que resultan muy inusuales, incluso después de haber sido abierta la tumba del santo, y no haber sido sometida a ningún proceso de conservación artificial, como el embalsamamiento.

Así, un cuerpo mantenido en el vacío durante cientos de años se conservaría naturalmente, pero en el momento de su apertura y exposición se descompondría rápidamente. No es un milagro, ya que no tiene nada de sobrenatural. Los ambientes muy secos y fríos también favorecen la conservación natural de los cuerpos.

Algunos ejemplos de santos cuyos cuerpos fueron considerados incorruptos:

- Bernardette Soubirous, la clarividente francesa de la famosa aparición de Nuestra Señora de la Inmaculada Concepción, en Lourdes;

- Catarina Labouré, otra clarividente francesa, de la famosa aparición de Nuestra Señora de las Gracias de la Medalla Milagrosa, en la Rue do Bac, París;

- El Padre Pío de Pietrelcina, el fraile capuchino con innumerables prodigios como la bilocación, el diálogo con los ángeles guardianes, la xenolalia (hablaba un dialecto italiano y la gente entendía inglés, francés, etc.), recibió los estigmas de Cristo y realizó curas inexplicables de medicina hasta el día de hoy;

- Santa Zita de Lucca, patrona de las trabajadoras domésticas, cuyo cuerpo fue encontrado intacto trescientos años después de su muerte, y que, incluso después de haber sido expuesto, todavía tiene sus órganos internos, incluidos los pulmones, gravemente afectados por el hollín de su lugar de trabajo;

- San Juan María Vianney, cura de Ars, héroe de los confesionarios, que adquirió fama por dedicar hasta 18 horas a atender a los penitentes;

- San Charbel Makhlouf, un monje del Líbano que siguió derramando sangre de su cuerpo incluso cincuenta años después de su muerte.

También existe la hipótesis de los cuerpos incorruptos de San José, padre nutricio de Jesús, y de San Juan Bautista, purificados en el vientre de Santa Isabel durante la visita de Nuestra Señora poco después de la anunciación del ángel Gabriel. Sin embargo, no existen documentos oficiales sobre estos casos.

Sólo se puede suponer que, si es posible encontrar los restos de casi todos los apóstoles (que murieron al mismo tiempo que estos dos santos), también sería posible encontrar los restos de Juan Bautista y José, si se había vuelto corrupto. ¡Pero dejemos claro que esto es sólo una hipótesis!

Otros santos tenían sólo una parte de sus cuerpos considerados incorruptos, como por ejemplo:

- el corazón de San Vicente de Paúl, el hombre que vivió heroicamente la caridad y el amor a los pobres (está también en la calle du Bac);

- la mano izquierda de Santa Teresa de Ávila, doctora de la Iglesia, que escribió, entre otros, El Libro de la Vida y Castillo Interior;

- la lengua de San Antonio de Padua, cuya predicación hizo que hasta los peces y los pájaros se detuvieran para prestar atención al anuncio del Evangelio.

Si estos santos mantuvieron sus cuerpos intactos, es señal de que vivieron una vida santa, y en el momento de la resurrección de entre los muertos (en la segunda venida de Jesús), ya estarán en el proceso de habitar sus cuerpos. de nuevo. Noten bien: NO ES REENCARNACIÓN, cuando un cuerpo fue asignado a un alma sólo lo habita.

Si incluso con la corrupción del pecado original estos cuerpos (o parte de ellos) lograron permanecer bien conservados, imaginad los cuerpos gloriosos de Jesucristo, Verbo de Dios hecho Carne y de María Inmaculada, cuyas gracias son mayores que las de todos los ángeles. y santos. Juntos.

¿Te basta con creer en la resurrección de los muertos? Volveremos a este tema en un momento.

4. PRODIGIO DE EXALTACIÓN DEL ESPÍRITU

¿Qué es la gravedad? Tan conocida en nuestra vida diaria que ni siquiera la recordamos, la fuerza de gravedad consiste en una fuerza de atracción sobre los cuerpos, formando un campo gravitacional.

La gravedad es una de las cuatro fuerzas fundamentales que existen en la naturaleza. Las otras son la fuerza de interacción electromagnética, la fuerza nuclear débil y la fuerza nuclear fuerte. Esta fuerza es la encargada de definir el peso de un cuerpo, un vector vertical y descendente que impide que personas y cosas salgan despedidas del planeta debido a la rotación de la Tierra.

Podemos comprobar y comparar la gravedad sólo entre planetas y cuerpos celestes, como la Luna, el Sol, los planetas, sus satélites y las estrellas, ya que ni siquiera la persona más obesa del planeta podrá atraer ni siquiera un insecto a su órbita personal. La gravedad es sólo para los grandes.

La Tierra tiene una masa de sólo 5,9 x 10^{24} kg, que es más que suficiente para que tus pies se peguen al suelo. El Sol, por ejemplo, pesa aproximadamente 1,98 x 10^{33} kg (treinta y tres ceros), y ni siquiera es el más grande de nuestro universo conocido, pero logra mantener varios planetas pequeños a su alrededor.

Resulta que la gravedad es la única fuerza que la ciencia y la tecnología aún no tienen la más mínima comprensión, sólo saben observar y calcular, en base a la masa y la distancia entre los cuerpos. Compárese: el magnetismo y sus implicaciones (electromagnetismo) se utilizan libremente en todas las lámparas y electrodomésticos; la fuerza nuclear fuerte es manipulada mediante fisión y fusión atómica, con aplicaciones médicas y militares, y muchas otras; la fuerza nuclear débil es más pacífica y más fácil de utilizar, ya que con la desintegración de partículas utilizamos la radiación para diversos fines.

Por supuesto que podrías pensar: los globos, los cohetes espaciales y los satélites artificiales dominan la gravedad. ¡Negativo! Ninguno de ellos puede generar una fuerza antigravedad, sólo una fuerza cinética contraria que anula los efectos de la gravedad. Los satélites geoestacionarios, por ejemplo, siempre se mueven en paralelo al globo terrestre, para generar una fuerza centrífuga (cinética) alejada de la Tierra, de manera que contrarreste la gravedad, que insiste en seguir trabajando.

Toda esta explicación científica fue necesaria para comprender el milagro conocido como EXALTACIÓN DEL ESPÍRITU. En este extraordinario evento, la conexión del santo con Dios es tan intensa que flotan en el aire, como si fueran un globo o un helicóptero, pero sin ninguna explicación científica para el fenómeno.

Notemos bien: el santo que experimenta este milagro no se vuelve más liviano que el aire, como un globo de helio. Ni siquiera sufre los efectos de la fuerza aerodinámica, que hace que objetos más pesados que el aire vuelen gracias a la diferencia de presión en sus alas o hélices. No existe una fuerza impulsora detrás de una liberación masiva de gases, como en un petardo o un cohete, que impulse al santo en una determinada dirección. Puede llenar todo el estómago de un ser humano con gas metano (comiendo suficientes batatas, repollo, frijoles, etc.) que no podrá elevarse en el aire, e incluso la combustión de estos gases no haría que la persona se elevara un milímetro del suelo.

Se sabe que un gran número de santos levitaron, entre ellos Santa Teresa de Ávila, Padre Pío, San Martín de Porres, San Francisco de Asís, San Antonio de Padua, San Felipe Neri, San Alfonso de Ligório y los más famosos al respecto, San José de Cupertino, patrón de los aviadores y astronautas. Este último tenía tal exaltación de espíritu que sus compañeros debían atarle una cuerda a la cintura durante las procesiones con el Santísimo Sacramento, para evitar que se perdiera en el aire.

G. K. Chesterton dijo que "los ángeles pueden volar porque no se toman a sí mismos demasiado en serio (literalmente, se toman la vida a la ligera)". Lo mismo puede decirse de San José de Cupertino. No se tomó a sí mismo demasiado en serio; era humilde, por eso no pesaba tanto; desafió la gravedad porque era ligera; levitaba gracias a su ligereza de espíritu.

Por supuesto, este fenómeno no es aislado: todos estos santos tuvieron una vida espiritual y ascética extraordinaria, experiencias místicas, revelaciones divinas, pero lo más importante fue una profunda intimidad con Dios y un desprendimiento completo, irrestricto e irrevocable de las cosas de este. mundo.

Sin duda, el hombre moderno prefiere confiar mucho más en un dron capaz de soportar su peso y transportarlo a donde quiera que en este tipo de milagros. Lamentablemente, esta persona no cree en ningún milagro y, si encajas en este perfil, no estás interesado en leer este libro. Espero que algún día tengas un encuentro personal con Dios, y que ese encuentro se dé en circunstancias favorables (que no siempre es así).

Los milagros existen, no necesitamos fe para que ocurran, sino verlos y entender que la mano de Dios está actuando claramente en ese momento (Él siempre está actuando en nuestras vidas, pero la mayoría de las veces Nuestro Señor es discreto y hace lo milagro sin que nos demos cuenta).

De la misma manera que algunos santos vivieron este fenómeno sobrenatural, las personas poseídas por espíritus malignos también sufren diversos sucesos inexplicables, como escalar muros, tener una fuerza más allá de lo que el ser humano es capaz y hasta hablar idiomas extranjeros sin haber estudiado nunca. El mundo espiritual está a tu alrededor, sólo necesitas sintonizarte con tu alma y tu espíritu.

A muchas personas les cuesta creer en este tipo de fenómenos descritos en la vida de algunos santos, pero no ven obstáculo en creer que civilizaciones avanzadas sean capaces de secuestrar personas en naves espaciales, hablar con ellas e incluso darles algunos consejos sobre salud, bienestar y incluso inversiones financieras. Son los que se autodenominan "espirituales pero no religiosos".

Para estos tengo un consejo evangélico muy sencillo: "Conoceréis la verdad, y la verdad os hará libres" (Juan 8:32). Sólo la verdad eterna nos libera de falsas doctrinas y pseudorreligiones. El hombre moderno quiere cambiar el mundo para no tener que cambiarse a sí mismo. El santo, por el contrario, no se preocupa mucho por el mundo, lo que quiere es acumular los tesoros del cielo (Mateo 6:19), es decir, bienes espirituales que superan con creces el mero conocimiento científico o el progreso material.

Porque eso debió ser lo que hicieron estos santos: imitaron a Cristo de tal manera, con tal perfección y humildad, con tal alegría y ligereza de espíritu incluso en las circunstancias más desfavorables, que entraron en sintonía con Él y se desapegaron de este mundo, de tal manera que entregaron sus almas al Eterno y se dejaron atraer por Él.

Esta fuerza, que nos atrae hacia Dios, es hasta ahora la única que ha conseguido anular la fuerza de gravedad, hecho de lo que ningún dispositivo o técnica ha sido capaz hasta la fecha, y probablemente nunca lo será. Ésta es la fuerza que nos lleva al cielo, al hogar eterno que Jesucristo tiene para nosotros.

Este es el camino, el camino para llegar al cielo. Entonces, ¿quieres ir allí o no?

5. ¿ES EL CIELO UN LUGAR O UNA CONDICIÓN DEL ALMA?

Este tema requiere de un análisis profundo y fundamental para crecer en la fe, seguido en la teología católica, abordando no sólo la naturaleza del cielo como destino final de los fieles, sino también la experiencia espiritual y la transformación del alma. Este capítulo explora las perspectivas católicas sobre este tema, basándose en la doctrina, las Escrituras y la tradición de la Iglesia.

Para la Iglesia católica, el cielo se describe como el estado definitivo de perfecta felicidad, plena comunión con Dios y plenitud del ser humano. Es un estado de existencia eterna donde los justos disfrutan de la presencia de Dios en su plenitud. Este concepto trasciende la mera idea de un lugar físico y entra en el ámbito de una realidad espiritual y trascendente.

La visión católica tradicional no considera simplemente el cielo como una ubicación física en el espacio, sino que enfatiza su naturaleza espiritual y sobrenatural. Según el Catecismo de la Iglesia Católica (núm. 1024), "el cielo es la bendita comunión de vida y de amor con la Santísima Trinidad, con la Virgen María, los ángeles y todos los bienaventurados". Esto sugiere que el cielo es más que un simple espacio geográfico, sino una realidad espiritual donde la presencia de Dios se manifiesta y experimenta plenamente.

La base de la comprensión católica del cielo se encuentra en las Sagradas Escrituras, especialmente en las enseñanzas de Jesucristo. En Juan 14, 2 al 3, Jesús promete a sus discípulos que les preparará lugares en la casa del Padre, indicando la idea de un lugar preparado para quienes lo siguen fielmente. Además, pasajes como Apocalipsis 21 describen vívidamente una nueva Jerusalén celestial, adornada como una novia preparada para su marido, que simboliza la unión perfecta entre Dios y su pueblo.

Aunque el cielo es concebido como un estado de comunión con Dios, la tradición católica también destaca que esta comunión implica una profunda transformación del alma. No se trata sólo de estar en un lugar, sino de una plenitud de vida en Dios que trasciende por completo las limitaciones terrenas. Esta transformación implica la purificación del alma en el purgatorio, para quienes la necesitan, y el ingreso a la presencia divina de forma completa e inmortal.

Por tanto, para la fe católica, el cielo no es sólo un lugar físico, sino un estado de plena comunión con Dios, que experimentan las almas de los justos después de la muerte. Es una realidad espiritual donde la felicidad eterna y la presencia divina se experimentan de manera completa y transformadora. Esta comprensión no sólo consuela a los fieles ante la mortalidad, sino que también inspira una vida de fe, esperanza y caridad, en la búsqueda de la santidad que culmina en la plenitud de la vida eterna en el cielo.

De lo ya explicado en los capítulos anteriores, se desprende claramente que el lugar llamado Cielo, Casa Eterna, Gloria Celestial, Vida Eterna, es un lugar, que ocupa una región específica en la existencia. También es un estado de comunión con Dios, pero más allá de eso es un espacio físico, al que llegan muchas personas, los santos de Dios.

En primer lugar, debemos recordar que el cielo tiene que ver con los cuerpos, que son innegablemente materiales. Ahora bien, ser materiales tiene que ver con el espacio. Por lo tanto, no es posible descartar por completo la afirmación de que el cielo no es un lugar. El hombre es una criatura de Dios, compuesta de cuerpo y alma. Por tanto, siendo el cielo la comunión de Dios con el hombre, no es posible excluir su cuerpo.

La comunión entre Dios y el hombre existe en adelante, en la persona de Jesucristo, cuyo cuerpo resucitó y se transformó, como se ve en el Evangelio de San Lucas:

"Mientras aún hablaban de estas cosas, Jesús se presentó en medio de ellos y les dijo: ¡Paz a vosotros! Perturbados y asombrados, creyeron ver un espíritu. Pero Él les dijo: ¿Por qué estáis turbados y por qué tenéis estas

dudas en vuestro corazón? Mira mis manos y mis pies, soy yo mismo; siente y ve: un espíritu no tiene carne ni huesos, como ves que yo tengo. Y dicho esto, les mostró las manos y los pies. Pero mientras ellos todavía dudaban y estaban llenos de alegría, preguntó: ¿Tenéis algo de comer aquí? Luego le ofrecieron un trozo de pescado asado. Tomó y comió delante de ellos." (Lucas 24:36-43)

En el cielo, además del cuerpo de Nuestro Señor Jesucristo, está también el cuerpo de su Santa Madre. Sí, fue elevada a la gloria celestial en cuerpo y alma, como se ve en la Constitución Apostólica del Papa Pío XII, *Munificentissimus Deus*, que definió con precisión el dogma de la asunción del cuerpo y del alma al cielo, que dice:

"44. "Por tanto, después de haber hecho repetidas súplicas a Dios, y de haber invocado la paz del Espíritu de verdad, para gloria del Dios omnipotente que concedió su especial benevolencia a la virgen María, en honor de su Hijo, el inmortal Rey de los siglos y triunfante del pecado y de la muerte, para aumentar la gloria de su augusta madre, y para el gozo y gozo de toda la Iglesia, con la autoridad de nuestro Señor Jesucristo, de los bienaventurados apóstoles san Pedro y san Pablo y con El nuestro, pronunciamos, declaramos y definimos como dogma divinamente revelado que: la Inmaculada Madre de Dios, la siempre virgen María, habiendo cumplido el curso de su vida terrena, fue asumida en cuerpo y alma a la gloria celestial."

Al final de los tiempos, toda la creación - transformada - se unirá a Dios. Así consta en el Catecismo de la Iglesia Católica, en el número 1060:

"Al final de los tiempos, el Reino de Dios alcanzará su plenitud. Entonces, los justos reinarán con Cristo para siempre, glorificando en cuerpo y alma y el mismo universo material será transformado. Entonces Dios será 'todo en todos', en la Vida Eterna."

El Catecismo presenta también, desde los números 1042 al 1050, el concepto de **palingenesia**, es decir, la nueva generación del universo, que San Pedro describe como "*los nuevos cielos y la nueva tierra*" (2 P 3, 13).

Existe una relación entre la felicidad eterna del hombre y el universo. Dios creó al hombre del barro, sopló sobre él su Espíritu, le ordenó multiplicarse y dominar la tierra:

"*Entonces dijo Dios: 'Hagamos al hombre a nuestra imagen y semejanza. Que reine sobre los peces del mar, sobre las aves del cielo, sobre las bestias, sobre toda la tierra, y sobre todo animal que se arrastra sobre la tierra." Dios creó al hombre a su propia imagen; lo creó a imagen de Dios, creó al hombre y a la mujer. Dios los bendijo: "Fructificad, dijo, y multiplicaos, llenad la tierra y sojuzgadla. Dominad los peces del mar, las aves del cielo y todo ser viviente que se mueve sobre la tierra". Dios dijo: "He aquí os doy toda hierba que da semilla en la tierra, y todo árbol frutal que contiene su semilla dentro de sí, para que os sirvan de alimento*". (Génesis 1:26-29)

Así, el mundo pertenece al hombre, que debe dominarlo, según la voluntad de Dios. Esto no significa, en absoluto, que el hombre pueda destruir la naturaleza, porque Dios es el Creador de todo y, por respeto a Él, no es posible empañar lo que Él ha hecho. Sin embargo, la relación entre Dios y el hombre se vio perturbada por el pecado. El mismo libro sagrado explica metafóricamente la ruptura ocurrida:

"*Y dijo al hombre: Por cuanto escuchaste la voz de tu mujer y comiste del fruto del árbol que te prohibí comer, maldita sea la tierra por tu causa. De ella tomarás tu sustento con trabajos dolorosos todos los días de tu vida. Te producirá espinos y cardos, y comerás la hierba de la tierra. Comerás tu pan con el sudor de tu rostro hasta que vuelvas a la tierra de donde fuiste tomado; porque polvo eres, y al polvo volverás.*" (Génesis 3:17-19)

La armonía entre los humanos y el cosmos fue perturbada por el pecado. Ahora, Jesús es el Redentor y vino a redimir este tropiezo. Por eso, San Pablo dice a los romanos:

"*Considero que los sufrimientos de esta vida presente no guardan proporción con la gloria futura que debe ser manifestada a nosotros. Por lo tanto, la creación espera ansiosamente la manifestación de los hijos de Dios. Porque la creación fue sometida a la vanidad (no voluntariamente, sino por voluntad de aquel que la sujetó), pero con la esperanza de ser liberados del cautiverio de la corrupción, para participar de la gloriosa libertad de los hijos de Dios, porque sabemos que toda la creación gime y sufre como dolores de parto hasta este día, no sólo él, sino también nosotros, que tenemos las primicias del Espíritu, gemimos dentro de nosotros mismos, esperando la adopción, la redención de nuestro cuerpo".* (Romanos 8, 18-23)

Habrá, por tanto, '*nuevos cielos y nueva tierra*' (cf. 2 Pe 3,13) y, por tanto, no se puede decir que el cielo -comunión plena y perfecta con Dios- sea algo completamente fuera de las nociones de espacio. y lugar. Sin embargo, por ser una regeneración, una transfiguración del universo, significa que el concepto de lugar y espacio, si bien tiene que ver con este nuevo mundo, no expresa plenamente lo que será. Es un misterio.

Después de la resurrección, Jesús entraba y salía de lugares, atravesaba puertas, comía y bebía, como leemos en el citado relato del Evangelio de Lucas, por tanto, era una presencia, un cuerpo transformado, diferente a la realidad humana. El Cardenal Ratzinger, en su Manual de Escatología – Muerte y Vida Eterna, dice: "*Al Cielo no se le puede dar una definición topográfica ni colocarlo dentro o fuera de nuestra estructura del espacio. Sin embargo, ni siquiera puede separarse tratando de convertirlo en simplemente un "El estado, la situación, no puede separarse totalmente del conjunto del cosmos. En realidad, estamos hablando aquí de un poder universal que pertenece al nuevo 'espacio del cuerpo de Cristo', el espacio de la comunión de los santos*".

Habrá un nuevo espacio, un nuevo concepto de lugar, del cual no hay experiencia, por lo tanto, decir simplemente que no existe tal lugar es inexacto, de la misma manera que decir que hay un lugar que ya ha sido experimentado es inexacto. también inexacto. Frente al misterio, la reflexión teológica puede ayudar, sin embargo, para comprender realmente qué es el cielo, es necesario recurrir a la comunión con Dios, con el Cuerpo de Cristo. No es posible especificar cómo sucederá esto, pero ya se puede experimentar misteriosamente aquí en la Tierra a través del sacramento de la Eucaristía.

La comunión eucarística permite experimentar una nueva concepción del espacio, porque en cada hostia Cristo está presente como un todo, en cada fragmento está totalmente presente, porque no es una presencia espacial, sino una presencia sustancial. Y así, toca a cada persona espiritualmente, pero también físicamente.

En la Eucaristía comienza la experiencia del lugar nuevo que es el cielo y la tierra nueva, un espacio nuevo, un cosmos nuevo. En el Pan y el Vino Eucarísticos el cosmos ha sido transformado donde ahora Cristo es el todo en todo.

6. ¿QUÉ PODEMOS AFIRMAR SOBRE LA RESURRECCIÓN DE LOS MUERTOS?

La resurrección de los muertos es uno de los pilares centrales de la fe católica, y refleja una profunda esperanza en la vida después de la muerte y la promesa de Dios de restaurar y renovar todas las cosas al final de los tiempos. En este capítulo exploraremos el significado, la base bíblica y la creencia de la Iglesia Católica en la resurrección de los muertos.

Para los católicos, la resurrección de los muertos no es sólo un concepto teológico abstracto, sino una realidad fundamental que sustenta su esperanza y fe. Se refiere a la creencia de que al final de los tiempos, todos los que hayan muerto resucitarán con cuerpos transformados y glorificados. Esto significa que no se trata simplemente de volver a la vida terrenal como era antes de la muerte, sino de ser renovados en forma gloriosa y eterna, como se describe en 1 Corintios 15, 42-44.

La base de la creencia católica en la resurrección de los muertos está firmemente arraigada en las Sagradas Escrituras. Jesucristo, el Hijo de Dios, resucitó de entre los muertos como el primero de los resucitados, inaugurando así vida nueva para todos los que creen en Él. Su propia resurrección se atestigua en los evangelios y es la piedra angular de la fe cristiana. San Pablo, en sus cartas, explica también detalladamente la naturaleza de la resurrección y su significado para los fieles.

Además, varios pasajes del Antiguo Testamento también prefiguran la resurrección de los muertos, como las visiones de los profetas Ezequiel (Ez 37) y Daniel (Dn 12), que hablan de la restauración de Israel y de la vida eterna.

La Iglesia Católica enseña que todos los seres humanos resucitarán el último día, cuando Cristo regrese en gloria. Esta doctrina está incluida en el Credo Nicenoconstantinopolitano, que muchos católicos profesan regularmente durante la liturgia. El Catecismo de la Iglesia Católica también enseña que la resurrección de los muertos es un acontecimiento real y está íntimamente ligado a la justicia divina y a la plenitud del Reino de Dios.

Creer en la resurrección de los muertos tiene importantes implicaciones para la vida de los católicos aquí y ahora. En primer lugar, ofrece consuelo y esperanza ante la muerte, ya que se promete la vida eterna con Dios a quienes viven en comunión con Él. Además, orienta la ética y la moral cristianas, animando a los fieles a vivir una vida recta y piadosa, sabiendo que sus acciones tendrán consecuencias eternas.

En resumen, la resurrección de los muertos es un dogma central de la fe católica, basado en la promesa de Dios revelada en las Escrituras y enseñada por la Iglesia a lo largo de los siglos. Ofrece esperanza, consuelo y un profundo sentido de significado a la vida de los cristianos, recordándoles que la muerte no es el final, sino el comienzo de una vida plena y eterna con Dios.

La Iglesia católica tiene fórmulas dogmáticas que contienen los principales elementos de su fe y se utilizan tanto en la Liturgia como en la Catequesis, los llamados "símbolos". Por lo tanto, en el Símbolo Apostólico se encuentra la siguiente expresión: "Creo [...] en la resurrección de la carne..." y en el Símbolo Niceno-Constantinopolitano: "[...] Y espero la resurrección de los muertos...", por lo que ambas expresiones son apropiadas.

La Congregación para la Doctrina de la Fe señaló que en algunos misales en diferentes partes del mundo la palabra "carne" fue reemplazada por "cuerpo". Para remediarlo, en diciembre de 1983, bajo la presidencia del entonces Cardenal Ratzinger, publicó el documento "Decisiones sobre la traducción del artículo 'Carnis Resurrectionem' del Símbolo Apostólico", en el que solicitaba que todas las Conferencias Episcopales adoptaran la versión literal. traducción de lo que es "resurrección de la carne" y no otras, aunque sean similares.

El tema es bastante complejo, pues hay una corriente teológica que insiste en el error de sostener que hay una resurrección inmediatamente después de la muerte. ¿Quién nunca ha oído, durante un velorio o en una homilía, que el velado ya ha resucitado? Es un lugar común, pero inadecuado, ya que la Iglesia enseña que la resurrección sólo ocurrirá al final de los tiempos.

La Iglesia, al afirmar la resurrección de la carne, está siendo más clara y precisa en que la carne dentro del ataúd resucitará el último día. El 17 de marzo de 1979, la Congregación para la Doctrina de la Fe publicó una carta que trataba de "cuestiones relativas a la escatología", citada a continuación:

"Esta Sagrada Congregación, encargada de promover y proteger la doctrina de la fe, quiere recordar aquí lo que enseña la Iglesia en nombre de Cristo, especialmente en lo que sucede entre la muerte del cristiano y la resurrección universal.

1. La Iglesia cree en la resurrección de los muertos.

2. La Iglesia entiende que la resurrección se refiere a todo el hombre; para los elegidos, no es otra cosa que la extensión de la propia resurrección de Cristo a los hombres.

3. La Iglesia afirma la continuación y subsistencia, después de la muerte, de un elemento espiritual dotado de conciencia y voluntad, de modo que mientras tanto el "yo humano" mismo existe, pero carente del complemento del cuerpo. Para designar este elemento, la Iglesia utiliza el término 'alma', consagrada por el uso de la Sagrada Escritura y la Tradición. Aunque no ignora que este término tiene diferentes significados en la Biblia, cree, sin embargo, que no se puede dar ninguna razón válida para rechazarlo y, al mismo tiempo, cree que un término de lenguaje es absolutamente necesario para apoyar la fe de los cristianos.

4. La Iglesia excluye cualquier forma de pensamiento o de expresión que haga absurdos o ininteligibles sus modos de oración, sus ritos funerarios y su culto a los muertos, realidades que, sustancialmente, constituyen lugares teológicos.

5. La Iglesia, según las Sagradas Escrituras, espera "la manifestación gloriosa de nuestro Señor Jesucristo", que, además, cree distinta y ulterior en comparación con la condición de los hombres inmediatamente después de la muerte.

6. La Iglesia, en su enseñanza sobre la condición del hombre después de la muerte, excluye, sin embargo, cualquier explicación que vacíe el significado de la Asunción de la Virgen María en su sentido único; es decir, en este sentido, que la glorificación corporal de la Virgen es la anticipación de la glorificación reservada a todos los elegidos.

7. La Iglesia, en fiel adhesión al Nuevo Testamento y a la Tradición, cree en la felicidad de los justos que un día estarán en Cristo. Cree en el castigo eterno que espera al pecador, que será privado de la visión de Dios, y en la repercusión de este castigo en todo su ser. Finalmente, cree que para los elegidos puede haber una eventual purificación previa a la visión divina, totalmente diferente, sin embargo, del castigo de los condenados. Esto es lo que entiende la Iglesia cuando habla del infierno y del purgatorio.

Cuando se trata de la condición del hombre después de la muerte, es necesario tener especial cuidado con el peligro de las representaciones arbitrarias basadas únicamente en la imaginación, ya que sus excesos forman una parte importante de las dificultades que a menudo encuentra la fe cristiana. Las imágenes utilizadas por la Sagrada Escritura, sin embargo, merecen respeto. Es necesario comprender su significado profundo, evitando el peligro de atenuarlos demasiado, ya que esto significa muchas veces vaciar de contenido las realidades que estas imágenes representan.

Ni la Sagrada Escritura ni los teólogos aportan suficiente luz para una descripción adecuada de la vida después de la muerte. Los creyentes cristianos deben mantener firmemente estos dos puntos esenciales: por un lado, creer en la continuidad fundamental que existe, en virtud del Espíritu Santo, entre la vida presente en Cristo y la vida futura (pues la caridad es ley del reino de Dios). , y por nuestra caridad ejercida en la tierra se medirá nuestra participación en la gloria divina en el cielo);

pero, por otro lado, el cristiano debe ser consciente de la ruptura radical que existe entre la vida presente y la futura, ya que la economía de la fe es sustituida por la economía de la luz plena, y estaremos en Cristo y 'veremos a Dios'; y en estas promesas y misterio consiste esencialmente nuestra esperanza. Si la imaginación no puede llegar allí, el corazón llega instintivamente y en profundidad." (DH 4650-4659) <https://padrepauloricardo.org/episodios/ressurreicao-dos-mortos-ou-ressurreicao-da-carne>.

Se puede ver que el documento anterior es claro acerca de la creencia católica de que solo habrá una resurrección al final de los tiempos, que no será una metáfora, sino que incluirá el cuerpo y el alma del individuo. Cómo sucederá esto es algo que la mente humana ni siquiera puede imaginar.

En 1990, la Comisión Teológica Internacional, una de las ramas de la Congregación para la Doctrina de la Fe, publicó un dictamen titulado "Algunas cuestiones actuales de la escatología", en el que se afirma que la resurrección sólo tendrá lugar en la llamada **Parusía**, es decir, en la segunda venida de Jesucristo, en un evento histórico y futuro, arrasando con las enseñanzas de los teólogos modernistas.

Finalmente, la Iglesia deja claro que, de todas las criaturas, sólo María Santísima resucitó, en la llamada "Asunción". Todos los demás seres humanos estamos esperando el regreso de Jesucristo, aunque sabemos que la resurrección de todos nosotros, al final, se logra por la resurrección de Cristo mismo, fuente de la resurrección de todos los muertos y vivos. Todos serán cuerpo y alma en la gloria de Dios, por eso creemos en la resurrección de los muertos o resurrección de la carne.

7. TEORÍA DEL DESIGN INTELIGENTE

El origen de la vida en la Tierra es uno de los mayores e intrigantes misterios científicos. La búsqueda para comprender cómo surgió la vida en nuestro planeta involucra varias áreas del conocimiento, entre ellas la biología, la química, la física e incluso la filosofía. Desde teorías científicas hasta enfoques filosóficos y teológicos, existen varias explicaciones propuestas para el complejo fenómeno del origen de la vida. En este capítulo exploraremos las principales teorías que intentan explicar cómo surgió la vida en la Tierra.

La teoría de la **abiogénesis**, también conocida como "origen espontáneo de la vida", sugiere que la vida surgió a partir de materia no viva mediante procesos naturales. Esta teoría se basa en la idea de que se pueden formar moléculas orgánicas complejas a partir de compuestos químicos más simples, lo que eventualmente conducirá al desarrollo de organismos vivos.

En 1953, Stanley Miller y Harold Urey realizaron un famoso experimento que simuló las condiciones de la Tierra primitiva. Pudieron sintetizar aminoácidos, los componentes básicos de las proteínas, haciendo pasar descargas eléctricas a través de una mezcla de gases que se cree que estaban presentes en la atmósfera primitiva. Este experimento proporcionó evidencia de que compuestos orgánicos esenciales para la vida podrían formarse de forma abiogénica. <https://www.ufrgs.br/astronomia/wp-content/uploads/2018/04/Explorando_S5_J_Eduardo_Exobiologia.pdf>.

El modelo del mundo del ARN propone que la vida temprana utilizó el ARN como material genético, antes de que evolucionaran el ADN y las proteínas. El ARN es capaz de almacenar información genética y también actuar como catalizador, lo que lo convierte en un buen candidato para los primeros sistemas vivos.

La teoría de la **panspermia** sugiere que la vida en la Tierra pudo haberse originado a partir de material biológico (como esporas o microorganismos) que llegó desde fuera del planeta, traído por meteoritos, cometas o polvo espacial. Esta teoría no aborda cómo surgió la vida, sino cómo pudo haber sido transportada a la Tierra. (DAVIES, Paul. The Fifth Miracle, pg. 94).

La **Panspermia Litográfica**, una variante de la panspermia, propone que las rocas espaciales, como los meteoritos, podrían haber transportado microorganismos o precursores de la vida a la Tierra.

Por otro lado, la **Panspermia Cósmica** sugiere que las semillas de la vida podrían haber venido de una fuente más distante, como otra estrella o galaxia, en lugar de solo del Sistema Solar.

La teoría de la creación, aunque no es científica, es una perspectiva importante, especialmente en contextos teológicos y religiosos. Sostiene que la vida fue creada por una entidad divina o fuerza sobrenatural. Las diferentes tradiciones religiosas ofrecen distintas explicaciones sobre el origen de la vida. Aclaro que el pasaje de Génesis 1 no debe leerse literalmente, sino como un simbolismo propio del momento histórico en el que se escribió el libro (es decir, sin conocimiento científico actual).

En el cristianismo, el origen de la vida se atribuye a Dios, quien creó todas las cosas como se describe en el Libro del Génesis. La vida es vista como un acto de creación divina directa. Él es la Causa Eficiente, que no tiene antecedentes, sólo Él podría generar el Universo con amor y mantenerlo en equilibrio.

Otras tradiciones religiosas también tienen sus propias explicaciones sobre la creación de la vida, generalmente involucrando la acción de dioses o entidades superiores.

Otro enfoque sugiere que la vida podría haberse originado en entornos específicos, como aguas termales submarinas, donde las condiciones químicas son favorables para la formación de moléculas orgánicas complejas. Los respiraderos hidrotermales en el fondo de los océanos proporcionan un ambiente rico en minerales y energía, lo que podría haber facilitado la síntesis de moléculas esenciales para la vida.

La hipótesis de las **fuentes hidrotermales** propone que la vida podría haber comenzado en ambientes submarinos ricos en compuestos químicos y energía térmica. Estos lugares podrían haber proporcionado las condiciones necesarias para la formación y mantenimiento de las primeras formas de vida.

La teoría del mundo de los **clorofilosomas** sugiere que la vida temprana puede haberse originado en formaciones de clorofilosomas, estructuras submicroscópicas que pueden haber facilitado la conversión de energía solar en energía química antes de la formación de células complejas.

El origen de la vida en la Tierra es un tema multifacético que continúa generando intensas investigaciones y debates. Las teorías van desde la formación espontánea de compuestos orgánicos complejos, hasta la posibilidad de que la vida provenga del exterior del planeta, sin descartar que, en cualquier caso, la vida sea resultado de la acción divina. Cada teoría ofrece una perspectiva única y, a pesar de los avances científicos, el misterio del origen de la vida aún no se ha resuelto por completo. La integración de estas ideas y la exploración científica continua prometen iluminar aún más este aspecto fascinante de nuestra existencia.

La Teoría del Diseño Inteligente (TDI) ha suscitado intensos debates en las últimas décadas, especialmente en el campo de la ciencia y la filosofía. Promovido por muchos como un enfoque válido para explicar la complejidad irreductible y la información específica que se encuentra en la naturaleza, el TDI encuentra una resonancia particular dentro de la perspectiva de la fe católica.

La fe católica, basada en la revelación y la razón divinas, ofrece un contexto rico para comprender y apoyar los principios centrales de la TDI. El núcleo de esta teoría reside en el hecho de que ciertos aspectos del universo y de los seres vivos se explican mejor mediante una causa inteligente, a diferencia de los procesos puramente naturales o aleatorios. Este concepto resuena con la creencia católica en un Creador inteligente, que es a la vez fuente y sustentador de toda la creación.

La doctrina católica enfatiza la armonía entre fe y razón, destacando que el conocimiento científico y la comprensión de la fe no deben verse como mutuamente excluyentes, sino complementarios. San Juan Pablo II, en su encíclica *Fides et Ratio*, destacó la importancia de una razón abierta a la trascendencia, capaz de investigar tanto las causas naturales como las causas finales y, así, reconocer signos de designio inteligente en la creación.

TDI propone que es muy poco probable que ciertos fenómenos biológicos y físicos hayan surgido mediante meros procesos aleatorios y que exhiban características que apuntan a una intervención inteligente. Para el pensamiento católico, esto se alinea con la idea de que Dios, como Creador omnipotente y omnisciente, puede haber organizado la naturaleza de manera que refleje su propia sabiduría e inteligencia.

Se han citado varios ejemplos en la naturaleza como evidencia de diseño inteligente, como la complejidad de las estructuras celulares, el código genético altamente organizado y los sistemas biológicos que exhiben adaptaciones precisas e interdependientes. TDI sugiere que estas características se explican mejor por una mente creativa que planificó y ejecutó estos sistemas complejos.

Un buen observador es capaz de encontrar la firma divina en los fractales, por ejemplo. Estas formas geométricas aparentemente aleatorias y no lineales se encuentran a menudo en la naturaleza, como un copo de nieve. ¿Cómo se organiza un cristal para que las fracciones (fractales) repitan las características y apariencia del todo completo?

La secuencia de Fibonacci es otro ejemplo. Comienza con el primer número natural (1) y continúa sumando el antecedente: (1), 1+1 (2), 2+1 (3), 3+2 (5), 5+3 (8), 8+5. (13), 13+8, (21), 21+13 (34), 34+21 (55), y así sucesivamente. Esta suma aparentemente aleatoria se encuentra, por ejemplo, en la forma de las conchas, en las hojas de los árboles, en las olas del mar. ¿Cómo es posible que todas las conchas de los océanos tengan la misma proporción?

Para mí, la firma de Dios es visible en la Tabla Periódica de los Elementos. Dios creó el Universo con tanta precisión que todos sus ladrillos atómicos tienen su lugar correcto. No hace falta ser un experto en química para ver que no existe ningún lugar vacío en la secuencia de números atómicos (número de protones en el núcleo). Después del Cobre (29) viene el Zinc (30). Antes del azufre (16) viene el fósforo (15).

Cuando el químico Dmitri Mendeleev comenzó a organizar la tabla periódica tal como la conocemos, en 1869, notó que faltaban ciertos números atómicos en algunos elementos. Sin embargo, en lugar de juntar todo y suponer que algunos números atómicos habían "saltado" en orden (es decir, los elementos correspondientes, como el Aluminio (13) y el Fósforo (15) no existían, este brillante científico creía que sí había orden en el Universo creado y dejó los espacios vacíos en la Tabla, afirmando que había elementos químicos que aún no habían sido descubiertos.

Mendeleev creía que había orden en el caos, un profundo acto de fe en un Creador que no ensuciaría las cosas. Aunque la química era el terror de mis años de escuela secundaria, en realidad me empezó a gustar la materia después de conocerla.

Desde una perspectiva católica, el enfoque TDI no sólo es consistente con la visión de un Dios que actúa a través de la creación, sino que también respeta la libertad de investigación científica. La Iglesia Católica fomenta el estudio diligente de la naturaleza como medio para comprender mejor la sabiduría divina manifestada en el mundo creado.

Además de sus implicaciones científicas, la TDI plantea profundas cuestiones filosóficas y teológicas. Cuestiona la idoneidad de explicaciones puramente materialistas sobre el origen y desarrollo de la vida y el universo, promoviendo la reflexión sobre el propósito y significado del mundo natural. Para los católicos, esta discusión es inseparable de la comprensión de la existencia humana misma y de nuestro lugar en el cosmos, creado por un Dios que nos ama y nos conoce profundamente.

Por tanto, a la luz de la fe católica, la Teoría del Diseño Inteligente no sólo es compatible, sino que enriquece la comprensión de la creación como un acto de amor y sabiduría divina. Al considerar el mundo natural a través de la lente del diseño inteligente, los católicos encuentran un diálogo fructífero entre la ciencia y la fe, sosteniendo la convicción de que, en última instancia, toda la creación apunta a su Creador, quien la sostiene en su ser y la guía hacia su fin último.

8. ¿ES POSIBLE ALCANZAR LA INMORTALIDAD (VIDA ETERNA) SIN DIOS?

Dado que los viajes espaciales, incluso a la velocidad de la luz, tardarían demasiado en completarse durante una vida humana, una solución sería que viviéramos para siempre; de esta forma, habría tiempo para llegar a Andrómeda, por ejemplo, explorar a voluntad y regresar a la Tierra (o quedarse allí, disfrutando de alguna playa de ácido sulfúrico). ¿Cuál es el problema con eso? Bueno, ¿dónde se encuentra Dios en esta hipótesis?

La cuestión de la posibilidad de lograr la vida eterna sin Dios es profundamente relevante para la fe católica y requiere una comprensión cuidadosa de los principios de la doctrina y la revelación cristianas. Para la Iglesia católica, la vida eterna, entendida como comunión eterna con Dios en los Cielos, está intrínsecamente ligada a la relación personal con Dios, que es fuente y fundamento de la vida eterna. Exploremos este tema desde una perspectiva católica.

En la doctrina católica, la vida eterna es el don supremo que Dios ofrece a la humanidad. Se describe como la unión plena y definitiva con Dios, que es la Bienaventuranza Suprema y el cumplimiento final de la existencia humana. La Biblia y las enseñanzas de la Iglesia afirman que la vida eterna es un don gratuito de Dios, concedido por gracia, y no algo que pueda lograrse meritoriamente mediante nuestros propios esfuerzos.

Según el Catecismo de la Iglesia Católica, Dios es el "principio y fin" de toda creación y redención. Jesucristo, el Hijo de Dios, es el mediador a través del cual la humanidad puede alcanzar la vida eterna. A través de Su vida, muerte y resurrección, Cristo ofrece el camino a la salvación y a la vida eterna. En el Evangelio de Juan, Jesús afirma: "Yo soy el camino, la verdad y la vida; nadie viene al Padre sino por mí" (Juan 14:6). Esta enseñanza enfatiza la centralidad de Cristo y, por extensión, de Dios en la obtención de la vida eterna.

La Iglesia Católica enseña que Cristo es el único Salvador y que la salvación se encuentra exclusivamente en Él. El Concilio Vaticano II, en su constitución Lumen Gentium, declara que "fuera de la Iglesia no hay salvación", aunque esto se entiende de manera inclusiva y misteriosa. Esto significa que incluso para aquellos que no conocen explícitamente el mensaje cristiano, Dios puede obrar de maneras que trascienden el entendimiento humano para ofrecer salvación. Sin embargo, la Iglesia afirma que el medio ordinario y más seguro para alcanzar la vida eterna es la aceptación explícita del mensaje y la gracia ofrecida por Cristo.

Sin embargo, la Iglesia reconoce que las personas de buena voluntad, que buscan la verdad y practican la justicia según su conciencia (pueblos indígenas, aborígenes, personas que no han tenido ningún grado de catequesis), pueden ser tocados por la gracia divina de maneras que nosotros no lo podemos entiender del todo. Sin embargo, la adhesión a Dios y la búsqueda sincera de la verdad se consideran pasos fundamentales para alcanzar la plenitud de la vida eterna.

En la fe católica, alcanzar la vida eterna sin Dios no se ve como una posibilidad viable, ya que la vida eterna se entiende como comunión plena y eterna con Dios. La relación con Dios es el aspecto central de la vida eterna, y Cristo es considerado el único camino hacia esta comunión. Aunque la Iglesia reconoce que Dios puede obrar de maneras misteriosas e inclusivas, la doctrina católica afirma que la adhesión explícita a Cristo y la aceptación de su gracia es el camino ordinario y seguro para alcanzar la vida eterna.

Por tanto, dentro del contexto de la fe católica, la vida eterna es inseparable de Dios y Su revelación en Jesucristo. Es, por tanto, un don de Dios, y es a través de la comunión con Él que se realiza la plenitud de la felicidad y de la existencia.

A partir de esta explicación, es fundamental hacer una distinción importante: la vida eterna, la unión con Dios de manera plena e irrevocable, NO SE DEBE CONVERTIR con la inmortalidad que muchos desean alcanzar a través del progreso científico y tecnológico.

En definitiva, tu cuerpo muere y lo subes a una máquina, para seguir (sobreviviendo) viviendo (aunque a eso se le pueda llamar vida, pero sigamos adelante).

Nuestra alma se compone de cuatro partes, las dos más bajas (sobre las que no tenemos control) son la imaginación (la creatividad en el sentido más amplio) y la memoria (se registran hechos, sentimientos, incluso sonidos y olores) y las dos más altas, la inteligencia (lógica), razonamiento matemático, lingüístico, espacial) y voluntad (fuerza interior, coraje, querer lograr algo, alcanzar metas).

Imagino que en un futuro próximo será posible que los equipos guarden todos los recuerdos de un ser humano, algo en torno a los 100 Terabytes, pero podría ser mucho más si se incluyen todas las ideas locas que le han pasado por la cabeza a la persona a lo largo de su vida. , pero ella no le prestó mucha atención. Esa sería la parte de la memoria.

Vale recordar que no es fácil leer e interpretar las sinapsis neuronales de un individuo, por lo que esta tecnología ha avanzado, pero en pasos muy cortos.

Supongamos también que este mecanismo que almacena recuerdos realiza combinaciones de diferentes conceptos que el individuo tiene almacenados, desde mezclar menta con chocolate en un helado hasta fantasías sexuales más extremas. Vale, tenemos una creatividad basada en prueba y error, y probablemente más interesante que muchas de las tonterías disponibles en las redes sociales hoy en día.

Además de todo esto, supongamos que esta máquina puede razonar y sacar conclusiones sobre conceptos concretos como dos más dos son cuatro, o incluso conceptos abstractos como "es bueno respetar a los demás", "es malo quitarle la vida a alguien"; Así como un niño aprende estos conceptos y no los olvida, la carga del paquete neuronal de una persona debe incluir todas sus comprensiones y posiciones sobre lo que está bien y lo que está mal, ya que son el resultado de lo que nos enseñaron y están almacenados en nuestro recuerdos.

¿Pero qué pasa con la voluntad? ¿Libre albedrío? Esto es intrínseco a cada alma y nunca puede registrarse en un dispositivo. Dentro de nuestro proceso de toma de decisiones, la persona (en teoría) evalúa el mejor curso de acción disponible, en base a la información que tiene, y muchas veces toma decisiones completamente absurdas, que sabe que son erróneas o perjudiciales. Pero siguen adelante, golpeando la punta de un cuchillo, terquedad combinada con arrogancia.

Muchos argumentarán entonces: no necesitamos libre albedrío, tomemos siempre la mejor decisión posible y no permitamos el autosabotaje que tanto sufrimiento nos causa. Resulta que esta idea tiene dos problemas.

Primero, sin discernimiento dejamos de ser seres humanos, comenzamos a reaccionar como máquinas sin el más mínimo placer o disgusto por vivir. Qué pequeña vida tan mediocre, aunque eso pueda considerarse una vida.

En segundo lugar, Dios nos creó de esta manera, el alma inmortal que sopló en cada uno de nosotros en el momento de la concepción es lo que nos hace humanos, libres para decidir entre el bien y el mal. Esto es lo que Dios quiere de nosotros, seres humanos capaces de ser santos, pero también de tirar nuestra alma al basurero eterno, sin derecho al reciclaje.

Los animales no tienen libre albedrío, reaccionan basándose en sus instintos y recuerdos. Por supuesto, muchos animales razonan y tienen mucho discernimiento (incluso más que muchos humanos), pero no son capaces de tomar decisiones como los seres humanos, creados a imagen y semejanza de Dios, los únicos seres capaces de amar y de sufrimiento, de sacrificarse por algo más grande que ellos mismos, de renunciar a este mundo con la esperanza del otro.

Es nuestra alma inmortal la que nos hace seres humanos, no nuestras experiencias terrenales. Parece paradójico, pero no lo es: el sufrimiento nos hace humanos, es la capacidad de decidir entre la gracia y el pecado, entre la virtud y el vicio, la que nos permite acercarnos a lo eterno, e incluso la miseria del pecado arraigada en el alma puede ser capaz de proporcionar un encuentro personal con Dios.

En pocas palabras, la supuesta inmortalidad que el progreso científico promete traernos nos degradará a la condición de autómatas, un poco mejores que los animales, pero sin la gracia santificante, incapaces de actuar según las mociones del Espíritu Santo.

Los acérrimos defensores de la Inteligencia Artificial pueden criticarme a su antojo, yo sigo manteniendo la postura de que esta tecnología sólo permitirá diseñar máquinas capaces de realizar tareas (en este sentido son fantásticas), adoptando la mejor línea de acción según las variables disponibles (mejores que muchos seres humanos), pero no adquirirán conciencia (ni dominarán el mundo).

Pero no descarto la hipótesis de que la IA hará que las personas sean cada vez más idiotas, incapaces de razonamiento lógico o pensamiento crítico, o incluso de reconocer la verdad ante sus ojos. Programe una máquina (o eduque a un hombre) para que responda que la hierba no es verde, o que dos más dos no son cuatro, y ella (o él) responderá obedientemente según lo programado, incluso si eso conduce a su autodestrucción (juntos con la extinción de la humanidad).

Mientras lees este libro ahora, en lugar de ver tonterías en varias redes sociales que nos distraen de nuestros objetivos de vida (personales, familiares, profesionales y especialmente espirituales), nos roban nuestro precioso tiempo de vida y nos alienan (¿extraterrestres?), debes saber que tú eres un héroe de resistencia contra el dominio de las máquinas sobre nuestros pensamientos. Nos mantenemos unidos, hermano.

Después de todo, ¿qué divertido es continuar esta existencia durante tanto tiempo? "¿Quién de vosotros, por mucho que le importe, podrá añadir un codo al curso de su vida?" (Mateo 6, 27). "Hasta los cabellos de vuestra cabeza están todos contados" (Lucas 12:7). Ninguna máquina podrá hacer lo que Dios hizo por nosotros al darnos el regalo de la vida. "He aquí, te tengo grabado en la palma de mis manos" (Isaías 49, 16).

Al parecer, este viaje a otros planetas no es nada fácil, ninguna de las hipótesis ha sido probada en análisis tecnológicos y teológicos. Y por favor, no me hables de viajes espirituales a otros planetas... No sé qué fumaste para pensar eso, pero no fue nada bueno. Abordaremos esto pronto.

En conclusión, cuidemos nuestro patio trasero, nuestro pálido punto azul en el Universo, creado por Dios para nosotros, y ofrezcamos nuestros esfuerzos para obtener un lugar mejor en la eternidad. Eso es lo que tenemos para hoy.

9. ¿ESTÁN LOS EXTRATERRESTRES (SI EXISTEN) INCLUIDOS EN LA REDENCIÓN POR CRISTO?

La cuestión de la inclusión de posibles formas de vida extraterrestre en la redención ofrecida por Cristo es un tema fascinante y complejo, que mezcla teología, filosofía y ciencia. En el contexto de la fe católica, la reflexión sobre los extraterrestres y su relación con la redención requiere una cuidadosa consideración de los principios de la teología cristiana, especialmente la universalidad de la salvación y el papel de Jesucristo.

En la fe católica, la redención es un regalo ofrecido por Dios a la humanidad a través de Jesucristo. El Catecismo de la Iglesia Católica enseña que Cristo, como Hijo de Dios, vino al mundo para salvar a la humanidad del pecado y de la muerte eterna. La redención se entiende como un acto universal de amor y gracia divina, destinado a todos los seres humanos.

La encarnación de Cristo y su muerte redentora se consideran acontecimientos que tienen una importancia cósmica, no limitada únicamente a la Tierra, sino que tienen una dimensión que trasciende el tiempo y el espacio. Por lo tanto, la universalidad de la redención es un principio central en la teología católica, que indica que la oferta de salvación está destinada a toda la humanidad.

Reconocer la posibilidad de vida extraterrestre no es incompatible con la fe católica. La Iglesia no tiene una posición oficial sobre la existencia de vida en otros planetas, pero el hecho de que la creación sea lo suficientemente vasta y diversa abre la posibilidad de que puedan existir otras formas de vida. En 2008, el Papa Benedicto XVI afirmó que la creencia en la existencia de vida extraterrestre no es contraria a la fe cristiana y que la búsqueda de vida más allá de la Tierra puede en realidad profundizar nuestra comprensión de la grandeza de Dios como Creador.

Si hipotéticamente nos encontráramos con formas de vida extraterrestres, la cuestión de si están incluidas en la redención de Cristo es profundamente teológica. La Iglesia Católica podría considerar varias posibilidades en función de su doctrina:

1. **Universalidad de la Redención**: La doctrina católica afirma que Cristo murió por la salvación de toda la humanidad. Si se encuentra vida extraterrestre, se podría aplicar la misma lógica, con la posibilidad de que la redención ofrecida por Cristo sea universal y abarque todas las formas de vida inteligentes. La naturaleza divina de Cristo podría tener un alcance que trascienda las fronteras del tiempo y el espacio, más allá de los límites planetarios.

2. **Inculturación y Redención**: La Iglesia Católica enseña que el mensaje de Cristo debe ser inculturado en las diferentes culturas humanas. Si existen seres extraterrestres con su propia cultura y racionalidad, el principio de inculturación podría extenderse a ellos, permitiendo que el mensaje de salvación se adapte de una manera que resuene con su propia comprensión y experiencia. La catequesis de los jesuitas en América era exactamente así, ya que en aquella época no existían suficientes elementos culturales para que los tupiniquines entendieran el concepto de pecado y gracia salvadora.

3. **Misterio de Salvación**: El misterio de la salvación es un tema central en la teología católica. Si existen formas de vida extraterrestres, la Iglesia podría considerar la manera exacta en que estas formas de vida participan en la redención como un misterio que pertenece a la sabiduría y la misericordia divinas. Dios puede tener medios y maneras de salvar que van más allá del entendimiento humano.

4. **Cristo y la Creación**: En Colosenses 1:16, se dice que "en Cristo fueron creadas todas las cosas en el cielo y en la tierra". Este pasaje puede interpretarse como una indicación de que la redención de Cristo puede extenderse a toda la creación, no sólo a la Tierra. Así, si existe vida extraterrestre, la redención ofrecida por Cristo podría de alguna manera ser aplicable también a ellos.

La inclusión de posibles formas de vida extraterrestre en la redención de Cristo es una cuestión que desafía los límites del conocimiento teológico y científico. La Iglesia Católica, con su comprensión de la universalidad de la redención, puede considerar la posibilidad de que la salvación ofrecida por Cristo tenga un alcance que trascienda la Tierra, dando cabida a la inclusión de cualquier forma de vida inteligente que pueda existir fuera de nuestro planeta.

En última instancia, la cuestión permanece envuelta en misterio y especulación, y la comprensión completa de cómo se aplica la redención a cualquier posible vida extraterrestre pertenece a la infinita sabiduría de Dios. El foco de la Iglesia Católica sigue siendo la importancia del mensaje de Cristo para la humanidad y la búsqueda continua de la verdad y la comprensión del diseño divino.

En cierto modo tenemos una excelente noticia: si hay vida inteligente en otros planetas, tenemos el deber de evangelizarlos. "Id por todo el mundo y predicad el evangelio a toda criatura" (Marcos 16:15). Cualquier ser dotado de alma inmortal, capaz de discernir entre el bien y el mal, aunque tenga la piel verde y las rodillas hacia atrás, merece conocer el mensaje de salvación a través de Nuestro Señor Jesucristo.

¿O crees que todo fue pacífico para los jesuitas cuando llegaron a América? Enfermedades, peligros diversos, dificultades de comunicación. Sin embargo, fueron estos pioneros del anuncio del Evangelio de la paz quienes vivieron y murieron para cumplir este orden divino.

Ahora viene la mala noticia: incluso si se considera la inmensidad del Universo, la posibilidad de encontrar vida fuera de la Tierra es extremadamente baja, y la vida inteligente es prácticamente nula. Esta es una verdad difícil de aceptar para todos los fanáticos de la ciencia ficción, pero la probabilidad inmensamente mayor es que seamos solo nosotros, los seres humanos aquí en el Districto Tierra.

¿Significa esto que dejaremos de explorar otros planetas y cuerpos celestes distantes? Lejos de ello, creo que cada centavo gastado en telescopios, sondas espaciales y todo tipo de investigaciones vale la pena, incluso para demostrar cuál de las teorías sobre el origen de la vida en la Tierra es correcta.

Si Dios creó el mundo, según la Teoría del Big Bang creada por el Padre Georges Lemaître y debidamente comprobada por Edwin Hubble con la observación de que las galaxias se están separando, podéis estar seguros de que la mano de Dios está presente también en la formación de la vida, independientemente de qué teoría prevalece. Un día, tal vez, Dios nos permitirá descubrir también lo que quiso decir con "el aliento de vida en las narices de Adán", en el Génesis, que nos concedió un alma inmortal y nos hizo imagen y semejanza del Creador. Esperemos con fe y esperanza.

10. ¿NOS PIDIÓ JESÚS LLEVAR EL EVANGELIO A OTROS PLANETAS?

Esta pregunta mezcla elementos teológicos, especulativos y de ciencia ficción. Para abordar este tema, es importante explorar el contexto histórico y teológico de los mensajes de Jesús y cómo se han interpretado estos mensajes a lo largo de los siglos.

Jesús de Nazaret, la figura central del cristianismo, vivió y predicó en la Palestina del siglo I. Sus enseñanzas y su vida están registradas principalmente en los evangelios del Nuevo Testamento, que enfatizan el mensaje de salvación, amor y la llegada del Reino de Dios. Los Evangelios registran que Jesús dio una misión específica a sus seguidores: "Id, pues, y haced discípulos a todas las naciones" (Mateo 28, 19), lo que se conoce como la Gran Comisión.

Esta misión fue entendida, dentro del contexto histórico de la época, como un llamado a difundir las enseñanzas de Jesús a todas las naciones y pueblos de la Tierra. No hay ninguna referencia explícita en los textos bíblicos tradicionales a otros planetas o mundos además de la Tierra. Por lo tanto, la visión de la Gran Comisión fue interpretada como un mandato para expandir el mensaje cristiano entre los pueblos de la Tierra.

¿Tenía San Pedro, Príncipe de los Apóstoles, alguna idea de que la Tierra era redonda y que en América también había pueblos indígenas a los que catequizar? ¿Podría ser? Cuenta la tradición católica que Santo Tomás, el apóstol de la falta de fe, puso un pie aquí en Brasil y predicó la Buena Nueva de la salvación a los nativos, antes de partir hacia la región que hoy es la India, donde fue martirizado.

Los relatos de los descubridores de Brasil dicen que los forestales aquí en la Tierra de la Santa Cruz, al recibir el anuncio del Evangelio y darse cuenta de la conexión divina que los sacerdotes hacían a través de la Santa Misa, informaron que ya había pasado por allí una persona llamada Zomé. por estas partes hablando de Jesús, y hasta señalaron una piedra en una playa, con un pie derecho marcado en ella, señal que dejó el apóstol cuando vino aquí por primera vez. No hay pruebas científicas, sólo pruebas históricas. Consulte la explicación de Raphael Tonon sobre el tema. <https://www.youtube.com/watch?v=JLNNvUS9U3M>.

Con el avance de la ciencia y la exploración espacial, la idea de vida en otros planetas se ha convertido en una posibilidad real e intrigante. Aunque la Biblia no menciona directamente otros planetas, algunos teólogos y eruditos especulan sobre el alcance de los mensajes divinos en un vasto universo.

La ciencia ficción a menudo explora temas similares, creando escenarios donde las religiones y las enseñanzas se adaptan a contextos extraterrestres. Estos escenarios ofrecen una manera de imaginar cómo los principios espirituales y éticos podrían aplicarse en un universo más amplio, pero estas representaciones son, en última instancia, especulativas y no se basan en textos religiosos tradicionales.

1. **Misión Universal x Misión Local**: El mensaje de Jesús, tal como está registrado en los Evangelios, a menudo se interpreta como de carácter universal en el sentido de que debe llegar a todas las naciones de la Tierra. La idea de llevar el evangelio a otros planetas no se menciona directamente, pero puede verse como una extensión especulativa de la idea de un mensaje universal.

2. **Interpretaciones modernas**: Algunos teólogos y filósofos modernos pueden explorar la idea de que el mensaje cristiano podría tener implicaciones para la comprensión universal, incluida la posibilidad de vida extraterrestre. Sin embargo, estas interpretaciones no tienen base en textos antiguos y son más bien una cuestión de especulación y reflexión filosófica.

3. Exploración espiritual y científica: La exploración espacial y la búsqueda de vida extraterrestre abren nuevas preguntas sobre cómo entendemos nuestro lugar en el universo y cómo aplicamos nuestros principios espirituales y éticos. Aunque no existen mandatos explícitos

para evangelizar otros planetas, la búsqueda de una comprensión más profunda del universo puede enriquecer nuestra visión espiritual.

Aunque la idea de que Jesús envió el evangelio a otros planetas no se encuentra en las tradiciones cristianas ni en los textos bíblicos, ofrece una interesante oportunidad para reflexionar sobre el alcance y la profundidad del mensaje cristiano en un universo en expansión. La Gran Comisión, tal como se entiende tradicionalmente, es un llamado a difundir el mensaje de amor y salvación entre los pueblos de la Tierra. La especulación sobre otros planetas es un ejercicio fascinante en la intersección de la fe, la ciencia y la imaginación, pero, hasta la fecha, permanece en el ámbito de la especulación y la ciencia ficción.

11. LA VERDAD ESTÁ AQUÍ DENTRO

La búsqueda de la verdad es una de las características distintivas de la experiencia humana, que abarca tanto la ciencia como la teología. En la tradición católica, la verdad científica y la teológica se consideran caminos distintos que, aunque operan en esferas diferentes, pueden interactuar y complementarse entre sí. La fe católica ofrece un marco único para comprender cómo estas dos formas de conocimiento se relacionan e influyen entre sí.

La ciencia busca comprender el mundo natural a través de la observación, la experimentación y el análisis. Los métodos científicos se basan en la recopilación de evidencia empírica y la formulación de teorías que pueden probarse y perfeccionarse. La Iglesia Católica tiene una larga historia de involucramiento con la ciencia, incluyendo figuras como Santo Tomás de Aquino, quien integró el conocimiento científico y filosófico en su pensamiento teológico, y San Alberto Magno, patrón de las ciencias naturales.

La Iglesia siempre ha reconocido la validez del método científico y la importancia de los descubrimientos científicos para comprender cómo funciona el universo. Desde los primeros días de la ciencia moderna, muchos científicos también fueron católicos devotos, como Gregor Mendel, el padre de la genética, y Georges Lemaître, el sacerdote y astrónomo que formuló la teoría del Big Bang. Louis Pasteur, pionero de la microbiología e inventor de la vacuna contra la rabia, rezó con devoción el Rosario y no dejó que la Ilustración de la época contaminara su pensamiento ni su fe. (https://fr.aleteia.org/2019/01/24/le-jour-ou-louis-pasteur-demontra-que-science-et-foi-etaient-compatibles).

La teología, por otro lado, es el estudio de la revelación divina y la relación entre Dios y la humanidad. La teología católica se basa en las Escrituras y la Tradición y busca comprender el plan de Dios para el mundo y la salvación. El Catecismo de la Iglesia Católica y las obras de los Padres de la Iglesia son fuentes primarias de conocimiento teológico.

Para la Iglesia católica, la verdad teológica es revelada por Dios y accesible a través de la fe y la razón. La verdad teológica no es una simple construcción humana, sino un descubrimiento del plan divino, que se considera absoluto e inmutable.

La fe católica enseña que la ciencia y la teología, aunque distintas, no están en conflicto esencial. La Iglesia Católica ve a ambos como formas de buscar la verdad y cree que pueden coexistir y complementarse entre sí. Este punto de vista se basa en la creencia de que la verdad es, en última instancia, una y que tanto la ciencia como la teología buscan comprender diferentes aspectos de la misma realidad.

La Iglesia católica defiende la idea de que la ciencia y la teología abordan dimensiones diferentes de la realidad. La ciencia explora el "cómo" del mundo natural, mientras que la teología busca responder al "por qué" de la existencia y el propósito. La encíclica Fides et Ratio del Papa Juan Pablo II afirma que "la filosofía y las ciencias se sitúan en el orden de la razón natural, mientras que la fe, iluminada y guiada por el Espíritu, reconoce en el mensaje de salvación la plenitud de la gracia y de la verdad (Jn 1, 14) que Dios quiso revelar en la historia, definitivamente, a través de su Hijo Jesucristo (1 Jn 5, 9; Jn 5, 31 y 32)".

El diálogo entre ciencia y teología puede conducir a una comprensión más rica de la verdad. La comprensión científica de los orígenes del universo, por ejemplo, puede enriquecer la visión teológica de la creación, mientras que las reflexiones teológicas pueden ofrecer una perspectiva sobre los límites y propósitos de la ciencia. La Iglesia alienta este diálogo, porque cree que puede promover una visión más completa y armoniosa de la realidad.

Cuando surgen conflictos aparentes entre la ciencia y la teología, la Iglesia Católica busca resolverlos mediante un enfoque que respete la integridad de ambas disciplinas. En lugar de ver los conflictos como batallas, la Iglesia los ve como oportunidades para profundizar la comprensión y ajustar las interpretaciones teológicas a la luz de nuevos descubrimientos científicos.

La historia ofrece varios ejemplos de cómo la Iglesia católica reconcilió la ciencia con la teología. Los argumentos a favor de la teoría heliocéntrica, defendida por Galileo Galilei, inicialmente encontraron resistencia, pero finalmente se integraron cuidadosamente en la comprensión católica de la creación. Más recientemente, la aceptación de la teoría del Big Bang y de la evolución biológica (como ya se explicó en el Capítulo sobre la Teoría del Design Inteligente) dentro de la Iglesia demuestra la capacidad de adaptar y enriquecer la teología a medida que emerge nueva evidencia científica.

El texto bíblico de Génesis 1:3 ilumina la mente humana desde el principio: "Dijo Dios: ¡Hágase la luz! Y se hizo la luz". ¡BANG! Primer día. Ahora entendemos al menos cómo fue esta explosión cósmica, que simplemente detonó toda la energía acumulada en el Universo y puso todo en movimiento. ¡Un BIG de un BANG! ¿Contradicción? ¡Solo en tu cabeza!

El descubrimiento de la verdad, tanto científica como teológica, es un esfuerzo continuo que busca comprender mejor el universo y el lugar de la humanidad dentro de él. La fe católica ofrece un contexto que ve la ciencia y la teología como campos que, aunque distintos en sus métodos y objetivos, pueden colaborar y enriquecerse mutuamente. La Iglesia cree que al buscar la verdad con humildad y apertura, los seres humanos pueden llegar a una comprensión más profunda y completa de la realidad, reflejando la unidad e integridad de la creación divina.

La escena final de la película "Star Trek – La última frontera" es muy interesante porque ilustra bien este pensamiento. En la película, un vulcano renegado llamado Sybok busca una manera de llegar al centro de la Vía Láctea y encontrar a Dios. Si no le importa, hay spoilers en los siguientes párrafos.

En resumen, Sybok secuestra el Enterprise y lleva a todos a las coordenadas 0 – 0 – 0 – 0, el centro de la Vía Láctea. Allí se encuentra con una entidad muy extraña, que se hace llamar Dios, que pide a la nave espacial que se acerque para comprender cómo los viajeros superaron la barrera galáctica (es decir, los viajes intergalácticos). El Capitán Kirk cuestiona al supuesto Dios preguntándole cómo un ser Todopoderoso y Omnisciente no conoce ni puede superar la barrera de la galaxia, y necesita una nave espacial.

Después de muchos rayos de protones sobre el alienígena malversador que quería hacerse pasar por Dios, el doctor McCoy le pregunta al Capitán Kirk: "¿Eso significa que Dios no existe?", y la respuesta valió todos los clichés de la película hasta el momento: "En realidad , Bones (el apodo de McCoy), **Él está entre nosotros**". Fin de la película.

¿Quién diría que, incluso con tanto progreso científico y tecnológico, el personaje del Capitán Kirk todavía creía en Dios? ¿Y conocías Su Palabra? ¿Quién hubiera pensado que una película que marcó a toda una generación de científicos, eruditos, inventores y nerds de todo tipo citaría un pasaje bíblico (Lucas 17, 21)?

Conócete a ti mismo, es la invitación de Juan Pablo II en *Fides et Ratio*. No necesitamos viajar por las galaxias para encontrar la verdad. Ella está aquí. Ella está entre nosotros.

12. CONCLUSIÓN

¿Existe Dios? Sí, eso lo sabemos. Créele a quien quiera.

¿Dios creó el Universo? Sí, eso lo sabemos, hay suficientes pruebas científicas.

¿Creó Dios la vida en la Tierra? Sí, tenemos evidencia en este sentido, la firma de Dios está presente en toda forma de vida, y en toda la creación (Sabiduría 13, 5).

¿Creó Dios al hombre a su imagen y semejanza? Lo creas o no, no somos fruto del azar.

¿Hay vida fuera de la Tierra? No lo sabemos. ¿Vida inteligente? No lo sabemos. La única certeza es que, si existe, Dios lo creó. Entregaré esta respuesta incompleta.

¿Era Jesús un extraterrestre? No, Él nació aquí, de la Virgen María, por obra del Espíritu Santo de Dios. Jesús existió desde el principio (Juan 1:1).

¿Son los milagros formas de tecnología avanzadas y desconocidas? Lo dudo mucho, porque Dios logra lo imposible sin necesidad de satisfacer a nadie. Los carros de fuego descritos por Ezequiel (Ez 1) y Elías (2 Reyes 2, 11), la estrella guía de los Magos (Mateo 2, 1), no son más que interacciones visibles de elementos sobrenaturales que los observadores pudieron presenciar.

¿Qué pasa con los metales alienígenas para construir naves espaciales? ¡Ahora ve a estudiar Química! De dónde viene esta gente...

¿Podremos obtener suficiente energía para realizar viajes intergalácticos a través de la Física Cuántica? A Max Planck le asombraría ver cómo todo el mundo utiliza la palabra "cuántico" para dar más credibilidad a su producto o servicio. Estudia un poco de Física y lo entenderás.

¿Es el cielo un lugar? Sí. ¿Es el cielo un estado de ánimo? Sí.

¿Es posible llegar al cielo? Sí, unirnos a Dios a través de la oración, la ascesis, los sacramentos, especialmente la Sagrada Eucaristía.

Las experiencias místicas de Santa María Faustina Kowalska con Jesús dejan claro que existe una profunda interacción entre el cielo y la tierra, entre la realidad material y la vida sobrenatural. Además del Apóstol de la Divina Misericordia, tantos jóvenes tuvieron encuentros con Nuestra Señora en tantos lugares del mundo que es posible decir tres cosas:

- hay un apoyo enorme en otra existencia para que cada uno de nosotros llegue también allí (la salvación es para todos, Juan 10, 10);

- está también el grupo de los excluidos de la gracia de Dios, que pasan toda la eternidad intentando atraer más personas a su equipo;

- Tarde o temprano tendremos que emprender una de estas dos rutas, una ruta de ida. ¿Esperarás a reservar el billete el día anterior, cuando el billete suba más caro?

¿Y con una nave espacial? Incluso si algún día la humanidad logra superar los tremendos desafíos tecnológicos de un viaje intergaláctico, al llegar al hogar eterno el viajero encontrará "ángeles con espadas de fuego custodiando el lugar" (Génesis 3, 24).

En otras palabras, no puedes entrar a la fiesta sin una entrada. El último que intentó entrar a la fiesta sin la vestimenta adecuada (estado de gracia, unión con Dios) fue atado de pies y manos y arrojado a la oscuridad (Mateo 22, 15). ¿Lo enfrentarás?

¿Hay algún pasaje en la Biblia que hable de extraterrestres? Esta respuesta es más compleja y necesaria para evitar falsas interpretaciones de la Palabra de Dios.

Sin lugar a dudas, la Biblia menciona seres inteligentes no humanos, criaturas con pleno conocimiento de la verdad revelada y capaces de conocer y determinar el Bien y el Mal. Son los ángeles de Dios y los ángeles caídos. Pero no son las únicas criaturas inteligentes que se encuentran en los textos bíblicos.

Los Nefilim son una figura enigmática mencionada brevemente en la Biblia, específicamente en el Libro del Génesis. Aunque su papel y naturaleza no están del todo claros, la tradición católica ofrece algunas interpretaciones y contextos que ayudan a comprender su lugar en la narrativa bíblica. Conceptualizaremos a los Nefilim a la luz de la fe católica, abordando sus orígenes, interpretaciones e implicaciones teológicas.

La referencia más directa a los Nefilim se encuentra en Génesis 6:1-4: *"Cuando los hombres comenzaron a multiplicarse en la tierra y les nacieron hijas, los hijos de Dios vieron que las hijas de los hombres eran hermosas, y tomaron mujeres entre todas las que escogieron. Entonces el Señor dijo: 'Mi Espíritu no Contenderá con el hombre para siempre, porque es carne; pero sus días serán ciento veinte años.' En aquellos días los Nefilim estaban en la tierra, y también después, cuando los hijos de Dios fueron a tener relaciones con las hijas de los hombres y les nacieron hijos. Estos son los valientes que fueron desde la antigüedad, los hombres de fama. "*

Este pasaje es el único en la Biblia que menciona explícitamente a los Nefilim y va acompañado de una serie de preguntas interpretativas y debates sobre su verdadera naturaleza.

En la tradición católica, una interpretación común es que los Nefilim eran gigantes o seres de extraordinaria estatura. Esta interpretación se basa en traducciones antiguas de la palabra "nephilim" como "gigantes". La expresión "los valientes que existieron en la antigüedad" a menudo se ve como una referencia a figuras míticas o legendarias de la antigüedad, conocidas por su grandeza y hazañas heroicas.

Otra interpretación es que los "hijos de Dios" y las "hijas de los hombres" se refieren a dos linajes diferentes: los descendientes de Set (los "hijos de Dios") y los descendientes de Caín (las "hijas de los hombres"). Según esta visión, los Nefilim serían los descendientes de estas uniones, descritos como grandes héroes o guerreros que destacaron por sus logros.

Algunas tradiciones y textos apócrifos sugieren que los Nephilim podrían haber sido ángeles caídos o seres sobrenaturales que interactuaron con la humanidad de manera corrupta. Esta visión es más común en la literatura apócrifa, como el Libro de Enoc, que detalla la historia de los "vigilantes": ángeles que descendieron a la Tierra y tomaron esposas humanas, engendrando una raza de gigantes. Aunque no forma parte del canon oficial, esta tradición influyó en algunas interpretaciones sobre los Nefilim, que hace tiempo que han sido descartadas por una razón muy simple y obvia: los ángeles no procrean (ni siquiera tienen sexo definido, hombre).

La Iglesia Católica, en sus interpretaciones oficiales, no adopta la visión de los Nefilim como ángeles caídos, ya que se trata de una interpretación más asociada a textos no canónicos. En cambio, la tradición católica tiende a centrarse en la idea de que los nefilim fueron figuras notables y poderosas en la antigüedad, reconociendo la ambigüedad y el simbolismo presentes en el texto bíblico.

En la tradición católica, el mensaje central del relato de los Nefilim no es tanto sobre la naturaleza de estos seres, sino sobre las consecuencias de la desobediencia y la corrupción humana. El texto de Génesis 6 se interpreta como un preámbulo del Diluvio, que se ve como una respuesta divina al aumento del mal y la corrupción en la Tierra. Por lo tanto, la presencia de los Nefilim es otra forma de resaltar el ambiente moral decadente que condujo al juicio de Dios.

El Catecismo de la Iglesia Católica no proporciona una doctrina específica sobre los Nefilim, pero enfatiza que la verdad revelada en las Escrituras debe entenderse dentro del contexto de la salvación y la moral cristiana. La atención de la Iglesia se centra en cómo estos textos bíblicos revelan aspectos de la naturaleza humana y el plan divino, más que en detalles específicos sobre figuras enigmáticas.

Los Nephilim siguen siendo una figura enigmática dentro de la tradición católica, con interpretaciones que van desde gigantes legendarios hasta figuras poderosas de la antigüedad. Aunque la Iglesia Católica no tiene una posición dogmática detallada sobre los Nefilim, sí ofrece una visión que los ubica dentro del contexto moral y teológico de las Escrituras. En última instancia, el relato de los Nefilim sirve como telón de fondo para reflexionar sobre la naturaleza humana, la desobediencia y el juicio divino, destacando la importancia de la justicia y la rectitud en la historia de la salvación.

La mayoría de los eruditos bíblicos sostienen que los Nefilim y los hijos de Dios en el Génesis pueden entenderse como una referencia que recuerda a la mitología de la creación del mundo por parte de los paganos que vivieron con el antiguo Israel, y fueron escritos por ese tipo de persona cuya cultura vio como extraño a cualquier alguien que no fuera de su tribu (extranjero viene del latín Alienus, extranjero, que viene de fuera, por lo que extranjeros y alienígenas pueden usarse como sinónimos).

Si estas criaturas son ángeles o extraterrestres realmente no importa para nuestro argumento aquí. El quid de la cuestión es que los antiguos escritores de la Biblia, como todos los pueblos antiguos, ni siquiera consideraron la posibilidad de la existencia de otros seres inteligentes, porque fueron lo suficientemente humildes como para reconocer cuán limitado era su conocimiento. El mundo era un lugar grande, en su mayor parte desconocido y probablemente hostil. No tenían idea de que la Tierra era redonda.

Es un hecho que este Dios, revelado a su pueblo elegido, que creó todas estas otras criaturas, tiene una relación especial de amor con su pueblo: el pueblo de Israel y, a través de la obra redentora de Cristo, toda la humanidad se convirtió en "hijos de Dios", que Jesús logró hacernos, en palabras de San Pablo (Romanos 8, 17) "coherederos" de su Reino.

Para que Jesús hubiera venido a este mundo pagano, Dios primero necesitaba formar un pueblo que creyera en el único Dios (no en el pueblo que idolatraba al Sol, a los animales, a los volcanes y a los diversos paganismos) y dentro de ese pueblo elegira a la mujer perfecta para Su Hijo (¿Qué infancia habría tenido Jesús si Nuestra Señora hubiera nacido o vivido en Persia o Babilonia?).

Así, los hijos de Dios eran el pueblo israelí, y los hijos de los hombres eran el pueblo pagano. Todos los seres humanos, descendientes de Adán y Eva.

De hecho, no fue hasta la "Ilustración" del siglo XVIII que se afianzó el escepticismo hacia la existencia de otras criaturas. Incluso hoy, el estudio científico de la vida en el universo tiene que luchar duramente para superar el prejuicio de nuestra cultura moderna de que los seres extraterrestres no son más que invenciones o supersticiones.

Muchas de las historias contadas por los pioneros que viajaban por el mundo en aquella época tal vez fueran ciertas, pero la abrumadora mayoría eran meras mentiras. No se puede combatir una superstición con otra superstición, sino sólo con la verdad.

La ciencia tiene que corregir las supersticiones de su tiempo. A su vez, como afirma la declaración del Papa Juan Pablo II, la religión también debe recordarnos los límites de nuestro conocimiento científico.

El objetivo de toda esta discusión es simple. No hay nada en la Sagrada Escritura que pueda confirmar o contradecir la posibilidad de vida inteligente en otras partes del universo. No lo sabemos. Somos libres de especular.

Pero esta especulación encuentra sus límites en dos principios cruciales de nuestra fe. Primero, todo lo que existe fue creado por un Dios de amor. Y segundo, no importa lo que Dios haga o no haga con el resto de la creación, nada de lo que descubramos contradecirá lo que sabemos que Él ha hecho aquí por nosotros.

¿Podemos realizar viajes espirituales a otros planetas? En serio, ¿de verdad quieres que hable de esto?

En el contexto de la fe católica, profundamente arraigada en la tradición y la doctrina revelada, este concepto se aborda con mirada crítica y reflexiva. Aunque la Iglesia Católica no aborda específicamente los viajes espirituales a otros planetas, algunos principios teológicos y espirituales pueden ofrecer una perspectiva sobre cómo considerar esta idea.

La Iglesia Católica basa su doctrina en la Revelación Divina, que incluye las Escrituras y la Tradición. La fe católica enseña que Dios creó el universo y todo lo que hay en él. La visión católica del cosmos es de orden y propósito, y la creación es vista como un reflejo de la grandeza y el plan divino.

El Catecismo de la Iglesia Católica enfatiza la importancia de la oración y la meditación como medios para acercarse a Dios y comprender mejor Su plan para la humanidad. Sin embargo, la idea de viajar espiritualmente a otros planetas no es una práctica o concepto reconocido formalmente por la Iglesia.

Es decir, en la tradición católica no existen viajes espirituales, sino EXPERIENCIAS MÍSTICAS, en las que los santos tuvieron visiones o experiencias sobrenaturales. Estos encuentros a menudo tienen una dimensión simbólica y son vistos como formas en que Dios revela aspectos de Su voluntad o Su presencia.

Por ejemplo, Santa Teresa de Ávila y San Juan de la Cruz, místicos carmelitas, hablan de profundas experiencias espirituales que trascienden las limitaciones del espacio y el tiempo. Sin embargo, estas experiencias se interpretan como visiones de la realidad espiritual y no como viajes físicos o literales a otros mundos.

San Juan Bosco, con la ayuda y protección de su ángel de la guarda, tuvo experiencias místicas que lo llevaron a vislumbrar el cielo, el infierno y el purgatorio, que describió y se encuentra en un libro con este título. Lo vislumbró de un vistazo, porque son lugares en los que Dios no permite hacer excursiones ni acampar. Lee el libro y verás: lo que vio el Apóstol de la Juventud no fue una alucinación, tanto es así que cuando terminó la expedición, la palma de su mano tenía graves quemaduras, sólo por haber tocado la puerta del reino de la perdición.

Muchos santos tenían el don de la bilocación: Felipe Neri, Catarina de Ricci, Pedro de Alcântara, Alfonso María de Ligório, Antônio de Pádua, el brasileño Fray Galvão y el Padre Pío viajaron a otras ciudades y países y regresaron al mismo tiempo. Santa Rita de Casia, después de un momento de éxtasis, apareció milagrosamente en el interior de un convento. ¿Qué les impediría visitar otros planetas? Simple.

Las bilocaciones ocurrieron para que los santos pudieran hacer la VOLUNTAD DE DIOS en sus vidas, no por mera curiosidad. La intención en todos los casos fue SALVAR el ALMA de alguien, a través del santo. Comprende de inmediato: el conocimiento por el conocimiento no trae sustento al alma. Lamentablemente, el agnosticismo ya ha hecho tropezar a muchas personas.

La oración, la meditación y los sacramentos son los medios por los cuales los católicos buscan una unión más profunda con Dios y una mayor comprensión de Su creación. La gran experiencia mística que todo católico debe buscar se encuentra en la Eucaristía, porque a través del Sublime Sacramento podemos, al menos por un momento, tocar el plano sobrenatural, el mundo en lo alto (aunque al principio sólo toque lo alto de la boca).

"Mi carne es verdadera comida, y mi sangre verdadera bebida" (Juan 6:56). Algunos paganos eran antropófagos (caníbales), mientras que los católicos son cristológicos (eucarísticos). Sin embargo, preste atención a un detalle importante: "Por tanto, todo el que coma el pan o beba la copa del Señor indignamente, será reo del cuerpo y de la sangre del Señor" (1 Corintios 11, 27).

Importante: para tener una excelente experiencia con Jesús en la Santa Misa, es necesario tener una preparación espiritual (confesión sincera, devoción eucarística), que comienza tan pronto como se decide ir a la Iglesia ese día. Les voy a dar un consejo importante: dejen de seguir la Misa a través del folleto, no tiene sentido mirar un papel mientras el cielo se revela sobre el altar, en el momento de la consagración.

¿Cómo explicar los estigmas del Padre Pío, de Santa Rita de Casia, de San Francisco de Asís? Todos los médicos que examinaron las heridas abiertas del Santo de Pietrelcina (como era el caso más moderno, la medicina estaba muy avanzada en aquella época, capaz de demostrar si era falsa o verdadera), tuvieron que inclinarse ante el milagro (o al menos la incapacidad de encontrar explicación a una herida que no cicatriza, no se infecta y no mutila al paciente aunque haya durado cincuenta años).

¿Es posible encontrar una explicación a los milagros eucarísticos, como los de Lanciano, Santarém, Buenos Aires, Tixtla, Sokolka y Legnica? En todos los mismos resultados: sangre AB+, ADN humano, glóbulos blancos y rojos que indican que la persona está viva, tejido de un miocardio humano, extraído del ventrículo izquierdo de un corazón inflamado, con signos de haber pasado por suprema angustia.

La explicación científica en todos los casos es que no existe una explicación científica. La respuesta a este misterio sólo la encontramos en el camino entre Getsemaní y Gólgota. "Niégate a ti mismo, toma tu cruz y sígueme" (Mateo 16, 21).

Seguir a Jesús no sólo es en condiciones ideales de temperatura y presión, sino que el verdadero cristiano está con Cristo en el Calvario. Esta experiencia mística no tiene precio, pero tiene un costo muy alto. "Porque vivir por mí es Cristo, morir por mí es ganancia" (Filipenses 1, 21). Camino correcto al cielo.

En este sentido, las experiencias místicas pueden verse como un viaje interior hacia una mayor comunión con Dios y una mayor comprensión de su plan. Estos viajes están guiados por la fe y la práctica espiritual, y se consideran caminos hacia la transformación personal y espiritual.

Lamentablemente, hay muchas personas que se hacen pasar por místicos sólo por beneficio personal, dinero, fama, estatus, etc. "Cada árbol se conoce por el fruto que produce" (Lucas 6, 44). Los verdaderos místicos, por el contrario, buscaban la pobreza, el anonimato e incluso la humillación, porque no querían correr el riesgo de perder el cielo porque sus egos estaban inflados por el orgullo.

Las experiencias místicas son muy personales, muchas veces son un acontecimiento entre la persona y Dios, como el milagro de la sonrisa entre Nuestra Señora y Santa Teresa del Niño Jesús (el milagro del Sol, en la última aparición de Fátima, presenciado por miles de personas, es una excepción). Os dejo algunos ejemplos que me pasaron a mí:

- al realizar un examen público, comencé a rezar el rosario antes de comenzar las pruebas, y aún sin haber estudiado algunas materias, mientras leía las preguntas las partes importantes se iluminaban automáticamente, lo que me ayudó mucho a ser aprobado;

- en la segunda prueba de este mismo examen público, detuve el rosario en el cuarto misterio y abrí la prueba, sólo para descubrir que las palabras estaban todas confusas; Retomé el rosario, recé el último misterio y el Salve Reina; cuando lo abrí nuevamente, las letras estaban en orden, iluminando incluso las preguntas para mostrar que serían nulas;

- cuando regresaba de una misión, accidentalmente terminé yendo al aeropuerto equivocado. Tomé un taxi y recé también el rosario, explicando que no podría cambiar el billete. Ese día el vuelo se retrasó cuatro horas, el único vuelo retrasado del día, y logré abordar en la última escala;

- Estaba durmiendo sola en casa temprano en la mañana cuando una voz me llamó fuerte: "¡Rogério!", y me desperté justo a tiempo para una cita importante;

- En más de una ocasión, conduciendo bajo la lluvia de noche, evité un accidente porque tenía el Rosario en las manos, rezando incluso sin mucha devoción.

De hecho estos son pequeños milagros comparados con todo lo que sucede en nuestras vidas, cómo Dios nos dio este maravilloso regalo y todo lo relacionado con él. Como ya argumentó Chesterton, los niños ven milagros porque todavía tienen la capacidad de maravillarse incluso ante la monotonía de la vida. *"Puede ser que Él (Dios) tenga un eterno apetito infantil; porque pecamos y envejecemos, y nuestro Padre es más joven que nosotros. La repetición en la Naturaleza puede no ser una simple recurrencia; ella podría ser un BIS de teatro. Es posible que el cielo le haya pedido BIS al pajarito que puso un huevo.“*

Las maravillas existen, somos nosotros los que nos secamos de corazón y perdemos la capacidad de maravillarnos. *"En verdad os digo que si no os convertís y os hacéis como niños, no entraréis en el reino de los cielos".* (Mateo 18, 3). Para un corazón de piedra no hay experiencia mística suficiente, pero para un corazón abierto toda existencia es un regalo de Dios, una experiencia maravillosa incluso al lavar los platos.

La fe católica ofrece un contexto para reflexionar sobre la relación entre lo espiritual y lo material, lo conocido y lo desconocido. La visión católica del universo es una creación ordenada y guiada por Dios, y las experiencias espirituales se entienden como caminos para profundizar la relación con lo divino.

La espiritualidad católica invita a los creyentes a explorar las dimensiones más profundas de la realidad a través de la oración y la meditación, buscando siempre una mayor comprensión del plan divino y de la creación.

El viaje más grande y más importante que el ser humano puede recorrer es el encuentro personal con Dios, la experiencia más sublime para nuestra alma. Este viaje místico requiere mucho más que conocimientos científicos o incluso teológicos (muchos santos eran analfabetos, pero tenían una sabiduría que haría sentir envidia a muchos profesores universitarios), requiere una vida de oración, ascetismo, devoción, sacramentos... en definitiva, buscando las cosas de arriba (Colosenses 3:1).

Puedes construir una excelente nave espacial a través de tu progreso espiritual, obtenido al conocer a Dios y conocerte a ti mismo. Sé tú mismo un cohete hacia el cielo, construido con virtudes y impulsado por la fuerza del Espíritu Santo. Este es el gran viaje de nuestras vidas.

Si Dios lo permite, nos encontraremos allí. Que tengas un buen viaje.

###

Este libro representa la opinión del autor y nada más; no representa las opiniones de ningún gobierno, organización o tercero.

Asimismo, no contiene información sensible o confidencial. Siempre juego según las reglas.

Gracias por su interés en leer este libro electrónico. Mi más sincero agradecimiento.

Seguramente mucha gente no estará de acuerdo con él, como es habitual en cualquier discusión... Por eso, me gustaría conocer su punto de vista.

No dudes en enviar sugerencias, comentarios y opiniones a rogeriocietto@gmail.com, Asunto ¿Eran los santos astronautas?. Su correo electrónico es muy bienvenido.

Otros libros publicados, disponibles en las principales librerías online, en diferentes idiomas:

- Armadura del cristiano – Preparación y compromiso en el combate espiritual
- Ecolar – Una visión holística de una vida sostenible
- El león y el dragón: un cuento ficticio sobre economía y política.
- Combatiendo el bon combat: cómo luchar contra el terrorismo con una misión de paz
- El fusible del fusil – el terrorismo como marco jurídico para la aplicación del Derecho Internacional Humanitario

Lamento informarte que no me encontrarás en Facebook, Twitter, Orkut ni ninguna otra red social.

Some information about me:

Formación Académica

1998 - 2002 - Licenciatura en Derecho.

Facultad de Derecho de Itu, Faditu, Brasil

2004 - 2005 - Postgrado en Derecho Tributario.

Facultad de Derecho de Itu, Faditu, Brasil

2008 - 2008 - Postgrado en Aplicaciones Complementarias a las Ciencias Militares - Derecho.

Escuela de Administración del Ejército, EsAEx, Salvador, Brasil

2009 - 2010 - Postgrado (Especialización) en Derecho Internacional Humanitario

Programa HUMANMED - Universidad de Nice, Francia

2011 - 2012 – Calificación Profesional en Operaciones de Paz

Instituto de Capacitación en Operaciones de Paz, Estados Unidos de América

2016 – 2016 – Curso de Oficial Superior Militar

Escuela Brasileña de Altos Oficiales

2018 – 2019 – Postgrado en Derecho Militar

Centro Universitario Sur de Minas, Brasil

2020 - 2021 – Máster Universitario en DDHH, DIH y Derecho Operacional

Universidad Antonio de Nebrija, España

Organizaciones militares en las que he estado:

2008 - Escuela de Administración del Ejército, Salvador, Brasil

2009 – 8ª Región Militar, Selva Amazónica, Belém, Brasil

2010 – Compañía Fronteriza Amapá, Oiapoque, Brasil

2011 – Departamento de Ingeniería y Construcción, Brasilia, Brasil

2012 – Batallón Brasileño en Haití, Puerto Príncipe, Haití

2013 – Comando de Operaciones Especiales, Goiânia, Brasil

www.ingramcontent.com/pod-product-compliance
Lightning Source LLC
LaVergne TN
LVHW091231150826
845673LV00003B/1091

* 9 7 9 8 2 3 0 4 7 5 2 6 2 *